LECTURAS MEXICANAS

1. Carlos Fuentes. *La muerte de Artemio Cruz*
2. Juan Rulfo. *El Llano en llamas*
3. Miguel León-Portilla. *Los antiguos mexicanos a través de sus crónicas y cantares*
4. Octavio Paz. *Libertad bajo palabra*
5. Rodolfo Usigli. *El gesticulador y otras obras de teatro*
6. Rosario Castellanos. *Balún-Canán*
7. Fernando Benítez. *La ruta de Hernán Cortés*
8. Ramón López Velarde. *La Suave Patria y otros poemas*
9. Edmundo Valadés. *La muerte tiene permiso*
10. Alfonso Caso. *El pueblo del Sol*
11. José Vasconcelos. *Ulises criollo.* Primera parte
12. José Vasconcelos. *Ulises criollo.* Segunda parte
13. José Gorostiza. *Muerte sin fin y otros poemas*
14. Alfonso Reyes. *Visión de Anáhuac y otros ensayos*
15. Agustín Yáñez. *La tierra pródiga*
16. Gutierre Tibón. *El ombligo como centro erótico*
17. Julio Torri. *De fusilamientos y otras narraciones*
18. Charles Brasseur. *Viaje por el istmo de Tehuantepec*
19. Salvador Novo. *Nuevo amor y otras poesías*
20. Salvador Toscano. *Cuauhtémoc*
21. Juan de la Cabada. *María La Voz y otras historias*
22. Carlos Pellicer. *Hora de Junio y Práctica de vuelo*
23. Mariano Azuela. *Mala yerba y Esa sangre*
24. Emilio Carballido. *Rosalba y los Llaveros y otras obras de teatro*
25. *Popol Vuh*
26. Vicente T. Mendoza. *Lírica infantil de México*
27. Octavio Paz. *El laberinto de la soledad*
28. Efrén Hernández. *La paloma, el sótano y la torre y otras narraciones*
29. Carlos Fuentes. *Las buenas conciencias*
30. Laurette Séjourné. *Pensamiento y religión en el México antiguo*
31. Sergio Galindo. *El Bordo*
32. Rosario Castellanos. *Mujer que sabe latín...*
33. Rafael F. Muñoz. *Santa Anna, el dictador resplandeciente*
34. Ramón Rubín. *La bruma lo vuelve azul*
35. Mauricio Magdaleno. *El ardiente verano*
36. Xavier Villaurrutia. *Nostalgia de la muerte (Poemas y teatro)*
37. Francisco de la Maza. *El guadalupanismo mexicano*
38. *El Libro de los Libros de Chilam Balam*
39. José Luis Martínez. *Nezahualcóyotl*
40. Francisco Rojas González. *La venganza de Carlos Mango y otras historias*
41. C. Paula Kolonitz. *Un viaje a México en 1864*
42. Sergio Magaña, Luisa Josefina Hernández y Héctor Mendoza. *Los signos del Zodíaco, Los frutos caídos y Las cosas simples*
43. Ricardo Pozas. *Juan Pérez Jolote*
44. José Emilio Pacheco. *Fin de siglo y otros poemas*
45. Fernando Benítez. *El agua envenenada*
46. Alfonso Reyes. *La cena y otras historias*
47. Francisco L. Urquizo. *Fui soldado de levita*

NOSTALGIA DE LA MUERTE
(POEMAS Y TEATRO)

Lecturas Mexicanas divulga en ediciones de grandes tiradas y precio reducido, obras relevantes de las letras, la historia, la ciencia, las ideas y el arte de nuestro país.

XAVIER VILLAURRUTIA

Nostalgia
de la muerte

(Poemas y teatro)

Secretaría de Educación Pública

CULTURA SEP

Primera edición (Letras Mexicanas), 1953
Primera edición en Lecturas Mexicanas, 1984

D. R. © 1953, Fondo de Cultura Económica
Av de la Universidad, 975; 03100 México, D. F.

ISBN 968-16-1672-3

Impreso en México

POESÍA

Primeros poemas

EN LA TARDE QUE MUERE...

En la tarde que muere con lasciva agonía
entreabriendo su manto para regar de flores
la campiña serena, la amada de un día
rememoró al oído los pasados amores.

Y el crepúsculo rojo que a lo lejos moría
en su último rútilo al hundirse en lo arcano
iluminó mi rostro. Yo sentí que vivía
y la besé en la frente, y la besé en la mano.

Y desde aquella tarde tan muda y tan serena,
nuestra vida tornóse como antaño había sido
sin que aquella alegría la nublase la pena,
descorriendo al pasado el velo del olvido.

COMO BARCA EN UN LAGO...

La tarde deslizóse lentamente
como barca en un lago de aguas quietas,
en tu pecho temblaron las violetas
acariciadas por un soplo ardiente.

Allí te murmuré junto a la fuente,
en el parque que guarda ansias secretas,
"Yo soy como el minero que las vetas
de tu cariño ansía reverente..."

Y turbóse la paz de la enramada,
y al decirme muy quedo "¡Yo te adoro!"
se oyó un batir de alas sobre el oro

de tu cabeza tímida y ferviente,
orilló aquella tarde, y de repente
tendió la noche su ala desplegada.

9

TINTA CHINA

a Gonzalo E. de León

Es una inmensa hoja de biombo el cielo
y no hay luna en el parque, se ha borrado
el tenaz colorido de mi prado
que hermana su negror al desconsuelo.

En esta noche el musgo es terciopelo
y es tan grande el silencio y tan helado
que los buhos su canto han olvidado
y tienen miedo de lanzarse al vuelo.

El insomnio perdura entre la fiebre,
y quiero que la seda se deshebre
y que del biombo salga la oportuna

claridad, la ilusión de mármol blanco...
Alzo el rostro hacia el cielo y veo en su flanco
dibujarse la coma de la luna.

LE PREGUNTÉ AL POETA...

Le pregunté al poeta su secreto
una tarde de lloro,
de lluvia y de canción,
y me dijo el poeta: "Mi secreto
no lo dictan los sabios en decreto.
En la orilla del Nilo y en la aurora
interroga a Memnón..."

Le pregunté al poeta su secreto
una noche de luna,
una noche de augurios y de mal.
El poeta me contestó con una
mirada que era un reto
y me dijo: "Interroga
a la estatua de sal..."

Yo descansé la frente entre las manos
(un grupo de aves emprendió la huida).
Mis preguntas y anhelos eran vanos,
el poeta callaba su secreto
porque era ese secreto el de su vida.

SE NECESITA LUZ...

SE NECESITA luz en esta alcoba,
se necesita luz
porque nunca los dientes de la loba
hieren en plena luz...

Apagad vuestros rezos un momento
no vaya a despertar,
apagad vuestros rezos que presiento
que va a llorar...

Echad fuera esa negra mariposa,
es presagio fatal,
arrojadla a la noche tenebrosa
abriendo el ventanal.

Ya despierta el enfermo. Sus ojeras
se han señalado más...
Ojalá que no sean agoreras
del sueño de jamás.

Se necesita luz en esta alcoba,
se necesita luz
porque nunca los dientes de la loba
hieren en plena luz...

CON LA MIRADA HUMILDE

ESTA VEZ serán mudas mis ansias,
y mis pasos velados, y nulo mi rogar;
extenderé las manos ayunas de fragancias

cuando tú no las mires, o cuando te hayas ido;
concentraré mis fuerzas, procuraré olvidar
todo lo no logrado y todo lo perdido,
y acallaré mis ansias insólitas de amar.

Si pues tú me lo pides
con la mirada humilde y la boca entreabierta,
seré bueno, no olvides
que dormiré mi angustia despierta,
que ahogaré el más fuerte latido,
y cerraré la confesión abierta
que debió haber salido...

Y sólo porque sea
tu vida una callada mansedumbre,
un solar, una aldea
donde no haya más lumbre
que la tranquila del hogar,
y en donde no se vea
ni la sombra inconfesa de un desear.

Y todo sin embargo
yo te lo sacrificio por la mirada aquella
tan humilde, que sella
mi espasmo y mi dolor,
y apaga mi más largo
y mi más hondo
soñar en el amor...

ELLOS Y YO

ELLOS saben vivir,
y yo no sé,
ya lo olvidé si lo aprendí,
o nunca comencé...
Ellos saben besar,
y yo no sé lo que es.
Me da miedo probar
a saber...
Ellos saben reír,
Dios mío, yo no sé...

¡Y tener que seguir
así...!
Ellos saben hacer
mil cosas más
que yo no lograré
jamás...

Ellos saben vivir
y reír
y besar...
Yo: sólo sé llorar...

MIDNIGHT

EN EL parque
las puntas de los pinos
no tienen un final;
la fuente
dice mil desatinos
al llorar, al llorar.

La luna
quiere ver en el pozo
su palidez fatal,
pero un álamo
ha inclinado tedioso
su ramaje espectral.

Convidan
los perfumes eternos
del parque a respirar.
¿Para qué conocernos
si nunca me has de amar?

Desgarra,
en la torre, la rueca
un estambre de amor;
cruje la hoja seca,

y se enhebra en la rueca
otro estambre, otro amor

YO NO QUIERO...

Yo no quiero llegar pronto ni tarde,
me dicta su tic-tac el reloj viejo,
y al par que inclina su candor la tarde
se amortiguan las aguas del espejo.

Yo ya sé mi dolor, mi dolor viejo...

¡Cómo se va entintando el aposento!
En el hogar, cenizas apagadas,
y va empujando lentamente el viento
a las puertas absortas y enlutadas.

Y después, una sombra me acaricia
como una mano..., otra sombra después
entrecierra mis ojos la delicia
y me vuelve a invadir la lobreguez.

El reloj se detiene al dar la hora,
ya inclinó su candor la mustia tarde,
enjugo el llanto al corazón que llora...
yo no quiero llegar pronto ni tarde.

PRESENTIMIENTO

a Carlos Gutiérrez Cruz

I

Como una voz que no oiré jamás
así tú me amarás.

Ya percibí tu voz,
pero tu boca nunca dejará
salir la voz, la única voz
que no oiré jamás.

Presentimiento hondo
cual lágrima cetrina
te ocultas en el fondo
de mi oscura retina...

Presentimiento
que el llorar ha dejado
este momento
en el papel mojado.

II

Se fue el presentimiento con la tarde,
el papel se ha secado,
pero sigue el faltar de
esa voz a mi lado...

III

Me estremezco, pues siento
vuelve el presentimiento.

CANCIÓN

Silencio, silencio
que todo lo oyes,
como los niños tímidos,
desde los rincones,
dame tu consuelo.
dame tu consejo,
¿qué haré si está Ella,
con el cuerpo cerca,
con el alma lejos?

Que al viento, que al viento
yo se lo decía,
y el viento, y el viento
por oír su son en las hojas,
por oír su son
no me oía.

Que al agua, que al agua
se lo repetía,
y el agua, y el agua
por verse en mis ojos
no me respondía...

Que al cielo, que al cielo
yo se lo gritaba,
y el cielo, y el cielo
no sé si me oía,
¡tan alto así estaba!

¡Silencio, silencio!
¿Qué haré si está Ella,
con el cuerpo cerca,
con el alma lejos...?

AL REPASAR EL LIBRO...

AL REPASAR el libro de mi amor no lejano
que la humedad del campo desentrañar me hizo,
a través de la lluvia veo el adiós de su mano
y el mirar de sus ojos como nocturno hechizo...

La humedad de este campo, silencioso, convida
a encender el recuerdo de mi amor olvidado
que comparo esta tarde con lluvia desteñida
cuyas ambiguas huellas por la senda ha dejado.

Y la frente anidada por tristeza importuna
descanso entre las manos que ya quieren temblar...
pero aún en mi noche no ha nacido la luna
y en los ojos se hielan las ansias de llorar.

LA VISIÓN DE LA LLUVIA

VA POR el camino lodoso y helado
con los ojos fijos, sin volver al lado
la cabeza baja y las manos yertas
que parecen lilas marchitas o muertas...

La lluvia semeja sucia muselina
que se deshilacha en la hierba fina
y el sol desmayado se esfuma a lo lejos,
apenas enviando pálidos reflejos.

¡Visión de la lluvia tan lenta y tan triste
que cantando llora y de gris se viste,
que nubla el paisaje de la carretera
con las humedades de su cabellera...

Visión de la lluvia, la de manos yertas
que parecen lilas marchitas o muertas!

INQUIETUD

> Te quejas. Qué ternura la de tu boca pálida.
> JUAN RAMÓN JIMÉNEZ

NOEMÍ que está enferma me mira tristemente.
Su boca está muy pálida, entreabierta, doliente,

sus dedos afilados han implorado tanto
que de lejos parece que son dedos de santo.

Ella toda se ha vuelto más devota y más triste
(Amor, en esta niña mira bien lo que hiciste).

La tarde con sus luces doradas nos azora
y sólo la vidriera permanece incolora

y es como ella tan frágil, tan fría y transparente,
que cuenta su dolor a través de la frente.

17

Ni una cobarde lágrima Noemí ha derramado;
calladamente sufre lo perdido, lo amado...

Ella toda se ha vuelto más devota y más triste
(Amor, en esta niña mira bien lo que hiciste).

La tarde con sus luces doradas nos azora
y sólo la vidriera permanece incolora...

VARIACIONES DE COLORES

para Hugo Tilghman

Rojo y gris,
verde y rojo,
y amarillo el tapiz
y rojo tu sonrojo.

Es este cielo gris,
la calzada de un rojo
húmedo, hojas muertas,
amarillo el tapiz
y verdes las ramas alertas...

Tu corazón es rojo,
mi pensamiento gris,
amarillo el crepúsculo,
amarillo el tapiz.

ESTA MÚSICA

Esta música tan sencilla
yo no sé por qué me conmueve.
Hasta los árboles se inclinan
como se inclinan cuando llueve.

Yo no quiero mirar al ciego...
Su violín es rudimentario,
pero las notas, aunque agudas,
no se han nunca desafinado.

Yo comprendo que el viejo llora,
su música lo hace sentir...
Serán sus ojos todo blanco,
no lo veo, no lo quiero oír...

Interminable la balada
que arranca del pobre violín,
interminable mi congoja.
¡Oh!, puede que no tenga fin...

REMANSO

a Guillermo Jiménez

Este jardín tiene alma melancólica, tibia
y perfumada como de humilde madreselva,
hay en sus callecillas una quietud que alivia
y es tan bueno que siempre me convida a que vuelva.

Yo persigo, sentado al borde de la fuente,
la calma que mitigue mi avidez de recuerdo
y brilla entre mis labios el rojo que no siente
el sangrar de una rosa que distraído muerdo.

Se va perdiendo el eco de la última llamada
al rosario en la iglesia cercana, húmeda, vieja;
yo salgo del jardín y me asusta la helada
sensación de los hierros en la intrincada reja.

Afuera todo cambia; hay bullicio y mentira,
siluetas de mujeres que a la capilla corren
y muchachos que juegan al afloja y estira
y ruidos y mentira...
                      Yo quiero que se borren
mis recuerdos en las calzadas del jardín,

y regreso y encuentro la reja menos fría,
y en la glorieta encuentro tranquilidad al fin.

Este jardín tiene alma idéntica a la mía...

PLEGARIA

> *Mon âme a peur comme une femme.*
> *Voyez ce que j'ai fait, Seigneur...*
> MAETERLINCK

MI MANO está cansada de pedir,
ha recoriddo ya todas las puertas,
se ha abierto en los umbrales al huir
las golondrinas, y cuando las muertas
aguas de los canales parecen revivir...

Mis pies no quieren ya peregrinar,
de todos los guijarros han sufrido la herida,
están tan destrozados que se niegan a andar...
Al fin, aun cuando inmóvil, siempre será la vida
un continuo, un cansado, un cruel peregrinar.

—¡Oh Dios! Dale a mi mano valor para extenderse.
Cuida de las heridas de mis pies desgarrados,
y sabré mendigar por entre los sembrados
cuando las hojas altas empiecen a mecerse...

BREVIARIO

a Luis G. Serrano

ESTE viejo breviario que fue de Sor María
Francisca del Santísimo Sacramento, y que
sin buscarlo se me apareció un día,
este viejo breviario que fue de Sor María
ha inundado mi espíritu con sus actos de fe.

En sus hojas, los dedos, marfiles medioevales,
han dejado una huella como polen de flor;

cuando beso las hojas se me olvidan los males,
cuando miro las huellas se borra mi dolor...

Y de noche, a la sombra de mi alcoba apagada,
en la vieja mayúscula que el Ángelus inicia
el brillar de la tinta revive la mirada,
la mirada amorosa de Sor María novicia.

¡Breviario: cada tarde tu dueña resucita,
le da vida mi mano, le da vida el ocaso,
y sentada a mi lado su rosario recita,
inmóvil, en la sombra, su santo perfil veo,
como siempre termina con una voz de raso
diciendo:

     Laus Deo!

ESTÍO

EL VIENTO, alto, en los árboles
sonaba a río,
¡río en el azul!
Yo dejé ir mi corazón
al frío,
al viento,
al río, no sé...

"Vámonos sin amor y sin deseo:
sin dolor.
Ahora que el corazón se va
en el frío,
en el viento,
en el río, vámonos..."

La sombra, azul, aliviaba
la frente,
¡la frente bajo el sol!
Yo dejé ir mi corazón
al frío,

a la sombra,
al azul...

"Vámonos sin amor y sin deseo:
sin dolor.
Ahora que el corazón se queda
en el frío,
en la sombra,
en el azul, vámonos
va—
mo—
nos..."

TARDE

Un maduro perfume de membrillo en las ropas
blancas y almidonadas... ¡Oh campestre saludo
del ropero asombrado, que nos abre sus puertas
sin espejos, enormes y de un tallado rudo!...

Llena el olor la alcoba, mientras el sol afuera
camina poco a poco, se duplica en la noria,
bruñe cada racimo, cada pecosa pera,
y le graznan los patos su rima obligatoria.

En todo se deslíe el perfume a membrillo
que salió de la alcoba... Es como una oración
que supimos de niños... Si —como el corderillo
prófugo del redil— huyó de la memoria,
hoy, que a nosotros vuelve, se ensancha el corazón.

Dulzura hay en el alma, y juventud, y vida,
y perfume en la tarde que, ya desvanecida,
se va tornando rosa, dejando la fragancia
de la ropa que vela, mientras muere la estancia...

CANCIÓN APASIONADA

Como la primavera, ponía
en cada espíritu un azoro;
en su sonrisa desleía
la miel del ansia que encendía
en un relámpago sonoro.

Y como la noche, callaba,
y en el silencio azul y fuerte
de sus pupilas, concentraba
un temblor mayor que la muerte...

Su voz era mansa y cercana;
tenía brillos de manzana.
Y mi fervor asiduo ardía
en su carne como una llama
que ningún soplo inclinaría.

¡Qué fiel el zumo que su boca
exprimió en la mía temblorosa!
Su calor en mi alma coloca
reminiscente y roja rosa.

¡Qué firme apego el de sus brazos!
Lo siente ahora el desamor
en que se inundan mis ribazos
y en que se calla mi clamor...

YA MI SÚPLICA ES LLANTO

Yo soy sólo un deseo, Señor,
ya lo diga mi voz, ya mi concreto
silencio, ya mi supremo llanto
en el supremo dolor,
no soy sino un deseo,
Señor.

Yo que en el paso incierto de mi niñez
vi deshojarse las rosas de ofrenda,

y no sacié la inicial avidez
ni señalé mi huella en la senda;
ahora siento un sufrido desconsuelo
por el día que no espera,
y pienso, los ojos al cielo,
en la primavera...

Si todo lo vano merece mi orgullo,
déjame el recuerdo, y dame siquiera
el dón de mirar lo mío como tuyo.
Dame la memoria de todas las caras
que amé, y de los aromas
y de los matices, y dame la fe,
para que una gota de tu vino calme
la sed de mi sed.

Ya mi súplica es llanto... Renace
en el pecho el anhelo en agraz,
y en mis labios se pierde esta frase:
—¡Señor, dame más...!

LAMENTACIÓN DE PRIMAVERA

¡Cómo callaba nuestro afán!
Nuestra paz ¡cómo ardía!
Yo tomaba tu mano y no sabía
si esa mano era tuya o era mía.

¡Cómo dejamos ir aquellas horas!...
La luz en tus pupilas se teñía
con un matiz levísimo de aurora,
con un claro fulgor de mediodía.

¡Cómo no oprimimos la vida
que así temblando se ofrecía!
Tú mirabas mi sien rendida...
Yo, leal, tus sonrisas vía...

¡Cómo no clamaron los labios
lo que nuestra mudez decía!
Era entonces la primavera
quien nuestras ansias desceñía...

LA BONDAD DE LA VIDA

Una humilde verdad como descanso,
un silencio apacible, un libro amado:
todo sabido y todo recordado,
un diario despertar aldeano y manso.

No la congoja inútil, si no alcanzo
el placer en racimo madurado;
para mi boca, el beso enamorado,
y a mi faz, el espejo del remanso.

Así la vida, la bondad suprema,
como el aroma azul de la alhucema
en la alcoba frugal, de sombra inerte.

Cerrar los ojos con la tarde amiga,
y acostumbrarlos para que se diga
que ya cerrados los halló la muerte.

ANTES

La casa aquella, corazón sin dueño,
late en la lluvia y en el viento...
Alguien ha urdido en los rosales
la red de un pensamiento.

¡Ay!, aquel corazón tenía su dueño
y aquel latido seguía su diapasón.
Un día...

Aún no tenía la casa arrugas,
ni cicatrices, ni temor.
Otro día...

El sol la veía blanca, y más
la luna la veía.

Anduvo allí mi inquieto desaliño;
mi canción sin palabras

que el eco repetía como un niño,
y que yo repetía como un eco.

Y quién sabe si entonces la ignorancia
de mi juego ponía
en sus mejillas el mejor adorno;
y un íntimo candor
a ella, que sonreía
asomada y absorta en la distancia.

¡Y quién sabe si entonces era mi corazón!...

NI LA LEVE ZOZOBRA

MI CORAZÓN, Señor, que contiene el sollozo,
que palidece y deja sin rumbo su latir,
mi corazón huraño y misericordioso
se te da como un fruto maduro de sufrir.

Mi corazón, Señor, hermética granada
de un resignado huerto donde no llega el
luminar de cielo de la casta mirada,
ni la antorcha perenne de la palabra fiel.

Se abandona al saber que tu milagro quedo
enterrará el afán, el presagio y el miedo,
y el más íntimo engaño ahogará desde hoy.

Porque el dolor tenaz sustituirá un aroma,
y desde la oblación que a tu quietud se asoma,
ni la leve zozobra temblará en lo que soy...

BAJO EL SIGILO DE LA LUNA

AYER, bajo el sigilo de la luna lejana,
nada turbó el reposo del abierto jardín,
ni el quebranto de un vuelo, ni la sombra de un ala,
ni el temblor de una estrella, ni el rumor de un festín.

Allí, abrióse el retablo de la ingrata memoria,
donde fue un girasol el goce prematuro,
un derrame de esencias fue la dicha ilusoria,
y el dolor y la pena las voces de un conjuro.

El agua, que en el pozo paralizó sus ansias,
dijo con sus cristales virtudes olvidadas,
como nuestras abuelas en las viejas estancias,
con los ojos abiertos y las manos cansadas.

Y así, suspensa el alma por la emoción divina,
el ayer de la vida no fue claridad vana,
y supo el corazón lo que punza una espina...
Ayer, bajo el sigilo de la luna lejana.

EN EL AGUA DORMIDA

En el agua dormida mi caricia más leve
se tiende como el perro humilde de la granja
la soledad en un impalpable oro llueve,
y se aclara el ambiente oloroso a naranja.

Las pupilas, alertas al horizonte puro,
interrogan sin rumbo, sin anhelo ni angustia,
cada sombra cobija un cansancio futuro
que doblega la frente en una flexión mustia.

En tanto, un inefable candor que nada implora
es descanso a los ojos... Escucho un trino huraño,
y pienso inversamente que a una nube viadora
guía el pastor bíblico conduciendo el rebaño.

En un temblor de seda se deshoja la hora,
ni un súbito reflejo turba el agua dormida,
ni un cansancio impaciente en mi alma se desflora,
ni la vida me siente, ni yo siento la vida...

ÉL

EL POBRE niño alienta una esperanza
y ensaya, en la penumbra, la mirada
que quiere ser de ayer, y que no alcanza
una resurrección franca y amada.

El pobre niño pálido no quiere
comprender que es inútil el sonrojo
del ocaso lejano, en que se ofrece
un corazón desventurado y flojo...

Y al tibio sol se mira ya, jugando,
sin la inquietud, sin el presagio vago,
y ya siente un amor que va enjugando
el llanto y la congoja de su estrago.

Un "sin embargo" sus silencios junta
para dejarlo inmóvil y pensando
sin contestar aquello que pregunta:
¿Hasta cuándo?

¿Hasta cuándo? ¿Hasta cuándo?, se repite.
Y las noches ajenas y los días
esparcen la ceniza que derrite
la nieve intacta de sus alegrías...

¿Hasta cuándo?, ¿un minuto o una vida
No contesta el Amor y el Dolor calla,
y el pobre niño pálido, perdida
la esperanza, ni persigue ni ensaya
la luz de una mirada permitida.

Y se va trasluciendo en un desmayo
su vida, ayer de par en par abierta;
y el pobre niño pálido es un rayo
que se muere en el quicio de la puerta.

EL VIAJE SIN RETORNO

CONTIGO está mi sangre, silenciosa;
mi sangre, ayer fervor, torrente ayer,

sobre tus brazos leales se rebosa
—¡qué asombro el que en los ojos se me posa!—.
A un nuevo ritmo debe obedecer.

Yo iba a ti en mi clamor, alucinante
y alucinado, como en un irreal
Mediterráneo, Ulises delirante.
¡Qué gritos en aquella soledad!...

¡Oh viaje sin retorno, de ansias sumas,
huyeron las sirenas por mi mal,
dejó su ausencia en mi calor, espumas!...
¡Oh viaje sin retorno en que las brumas
azotaron mi rostro con su sal!

    Y tres ciudades imprevistas
    quisieron detener mis pasos,
    y me hirieron con sus aristas,
    y las estrellas con sus trazos.

Y tú, que hoy de cordura contaminas
la fiebre de mis sienes, y reposas
con tu promesa mis ansias marinas
y mi obsesión de olas... Tú que afinas
mis gritos y mis voces calurosas
avivabas mi sed y ardías mi llaga.

Por esa sed que al corazón abría
ávido con mis labios y mis brazos,
y por la llaga que en mi carne hundía
la angustia de las uñas, llegué un día:
certidumbre entre todos los acasos.

Mas contigo mi sed halló frescura
y en tu blando mirar halló deleite;
y sin que fluya un ansia prematura
siento cómo me invade la ternura
con que unges a mi llaga con tu aceite.

MÁS QUE LENTO

YA SE alivia el alma mía
trémula y amarilla;

ya recibe la unción apasionada
de tu mano... Y la fría
rigidez de mi frente,
dulcemente entibiada,
ya se siente...

Yo no sé si mi mal indefinido
se decolora o se desviste,
pero ya no hace ruido.

Yo no sé si la luz que todo anega,
o el latido leal que te apresura
en mis sienes, o el ansia prematura,
inunda las pupilas y las ciega.

Qué conmovida está mi boca,
e inconforme.
Y distinto mi cuerpo
a la distinta llama de tu sangre.
Y mi sed ulterior acaso es poca.

Siento una languidez, y un desvaído
cansancio, casi de relato
pueril... Me siento como
en el claroscuro envejecido
de un melancólico retrato...

MAR

Te acariciaba, mar, en mi desvelo;
te soñaba en mi sueño, inesperado;
te aspiraba en la sombra recatado;
te oía en el silencio de mi duelo.

Eras, para mi cuerpo, cielo y suelo;
símbolo de mi sueño, inexplicado;
olor para mi sombra, iluminado;
rumor en el silencio de mi celo.

Te tuve ayer hirviendo entre mis manos,
caí despierto en tu profundo río,
sentí el roce de tus muslos cercanos.

Y aunque fui tuyo, entre tus brazos frío,
tu calor y tu aliento fueron vanos:
cada vez más te siento menos mío.

Reflejos

POESÍA

Eres la compañía con quien hablo
de pronto, a solas.
Te forman las palabras
que salen del silencio
y del tanque de sueño en que me ahogo
libre hasta despertar.

Tu mano metálica
endurece la prisa de mi mano
y conduce la pluma
que traza en el papel su litoral.

Tu voz, hoz de eco
es el rebote de mi voz en el muro,
y en tu piel de espejo
me estoy mirando mirarme por mil Argos,
por mí largos segundos.

Pero el menor ruido te ahuyenta
y te veo salir
por la puerta del libro
o por el atlas del techo,
por el tablero del piso,
o la página del espejo,
y me dejas
sin más pulso ni voz y sin más cara,
sin máscara como un hombre desnudo
en medio de una calle de miradas.

REFLEJOS

a Enrique Díez-Canedo

ERAS como el agua
un rostro movido, ¡ay!,
cortado
por el metal de los reflejos.

Yo te quería sola,
asomada a la fuente de los días,
y tan muda y tan quieta
en medio del paisaje móvil:
húmedas ramas y nubes delgadas.

Y sólo en un momento
te me dabas, mujer.
Eso era cuando el agua
como que ensamblaba
sus planos azules,
un instante inmóvil,
para luego hundirlos
entre rayas blancas
de sol, y moradas.

¡Ay como si alguien
golpeara en el agua,
tu rostro se hundía
y quebraba!

¡Ay, como si alguien
me hundiera el acero
del agua!

SUEÑO

Nos JUNTÓ un sueño.
En el sueño rodábamos
como en un prado fresco.

¿Nos juntará la vida
como el sueño?

En el sueño reíamos
al sol naranja, agrio
en los ojos, húmedo
en las sienes.

Rodaba el sueño
y nosotros rodábamos
en el verde increíble
del prado.

NOCHE

¡Qué tic-tac en tu pecho
alarga la noche sin sueño!

La media sombra viste,
móvil, nuestros cuerpos desnudos
y ya les da brillos de finas maderas
o, avara, los confunde opacos.

—Gocemos, si quieres,
provocando el segundo de muerte
para luego caer —¿en qué cansancio?,
¿en qué dolor?— como en un pozo
sin fin de luz de aurora...

Callemos en la noche última;
aguardemos sin despedida:
este polvo blanco
—de luna ¡claro!—
nos vuelve románticos.

SOLEDAD

Soledad, soledad
¡cómo me miras desde los ojos
de la mujer de ese cuadro!

Cada día, cada día,
todos los días...
Cómo me miras con sus ojos hondos.

Si me quejo, parece que sus ojos
me quisieran decir que no estoy solo.

Y cuando espero lo que nunca llega,
me quisieran decir: aquí me tienes.

Y cuando lloro —algunas veces lloro—
también sus ojos se humedecen,
o será que los miro con los míos.

AIRE

EL AIRE juega a las distancias:
acerca el horizonte,
echa a volar los árboles
y levanta vidrieras entre los ojos y el paisaje.

El aire juega a los sonidos:
rompe los tragaluces del cielo,
y llena con ecos de plata de agua
el caracol de los oídos.

El aire juega a los colores:
tiñe con verde de hojas el arroyo
y lo vuelve, súbito, azul,
o le pasa la borla de una nube.

El aire juega a los recuerdos:
se lleva todos los ruidos
y deja espejos de silencio
para mirar los años vividos.

INTERIOR

EL AIRE que vuelve de un viaje,
lleno de dorado calor,
se hiela en un marco para ser espejo
y cuadro de comedor.

¡Ay si el frutero
se resignara a no ser verdadero!
Mas cada fruto
quiere morir a tiempo porque sabe
que su verano es pasajero.

Yo sólo sé
que en el plato de porcelana
está el vaso para mi sed.
Y sin pedirle más sabor al agua
que no tenga sabor, que sea fría,
me bebo en cada vaso un día.

¡Ay si no fuera
porque en el plato de porcelana
están los días de la semana!

CUADRO

FUERA del tiempo, sentada,
la mano en la sien,
¿qué miras, mujer,
desde tu ventana?

¿Qué callas, mujer, pintada
entre dos nubes de mármol?

Será igual toda la vida
tu carne dura y frutada.

Sólo la edad te rodea
como una atmósfera blanda.

No respires, no.
De tal modo el aire
te quiere inundar,
que envejecerías,
¡ay!, con respirar.

No respires, no.

¡Muérete mejor
así como estás!

CÉZANNE

a Carlos Pellicer

DESHACE julio en vapor los cristales
de las ventanas del agua y del aire.

En el blanco azul tornasol del mantel
los frutos toman posturas eternas
para el ojo y para el pincel.

Junto a las naranjas de abiertos poros
las manzanas se pintan demasiado,
y a los duraznos, por su piel de quince años,
dan deseos de acariciarlos.
Los perones rodaron su mármol transparente
lejos de las peras pecosas
y de las nueces arrugadas.

¡Calor! Sin embargo, da pena
beberse la "naturaleza muerta"
que han dejado dentro del vaso.

JARDÍN

La moldura de la ventana
rebana un trozo de jardín.

Hasta el aire con marco de los cristales
mueve el mismo temblor que mueve el velo
de la danza primaveral.

¿Jugaremos al laberinto en sus calles,
para llegar a la fuente central?

Melancolía sin tristeza,
si no me haces suspirar
¿por qué inclinas sobre el hombro mi cabeza.

Inútil languidez de infancia,
¿para qué el corazón entonces,
cuando no le oía latir?
Hoy que se apresura o se cansa
es cuando comienza a existir.

¡Ay!, rodar otra vez en los divanes
de suave musgo recortado,
pero dejando al corazón
abandonado.

¿Por qué la vida se complica
como el vuelo de esa golondrina
que burla toda la geometría?

Pero también la golondrina
atraviesa lanzando un grito
—se alcanzó rápida y derecha—,
herida, ella misma es la víctima
y la flecha.

LUGARES [I]

VÁMONOS inmóviles de viaje
para ver la tarde de siempre
con otra mirada,
para ver la mirada de siempre
con distinta tarde.

Vámonos, inmóviles

MUDANZA

EL AGUA, sin quehacer,
se hastía.
La nube, de viajar,
se cansa.
Y el monte bien quisiera
en el río, desnudo,
bañarse.
El camino, el camino
no quisiera llevarnos
a la casa.

¡Otra vida! ¡Otra vida!
Por eso el sol
se entra por los resquicios
y, en la mañana,
copia nuestras camas.

Por eso las nubes se exprimen...
Y por eso crujen los muebles,
y por eso se inclinan los cuadros.

¡Otra vida! ¡Otra vida!
Hagamos sitio a nuevos huéspedes:
echemos la casa por la ventana.

DOMINGO

ME FUGARÍA al pueblo
para que el domingo
fuera detrás del tren
persiguiéndome...

Y llegaría en la tarde
cuando, ya cansado
el domingo, se sentara
a mi lado,
frente al paisaje
quieto,
bajo los montes
que tampoco se habrían rasurado.

Así podría yo tenderme
sin hastío.
Oír sólo el silencio,
y mirar el aire incoloro
y poroso.

Muy abajo, muy pequeño,
junto al domingo
fatigado,
siguiendo la sola nube:
¡Dios fuma tras de la montaña!

PUEBLO

a Diego Rivera

AQUEL pueblo se quedó soltero,
conforme con su iglesia,
embozado en su silencio,
bajo la paja —oro, mediodía—
de su sombrero ancho,
sin nada más:
en las fichas del cementerio
los + son —.

Aquel pueblo cerró los ojos
para no ver la cinta de cielo
que se lleva el río,
y la carrera de los rieles
delante del tren.
El cielo y el agua,
la vía, la vía
—vidas paralelas—,
piensan, ¡ay!, encontrarse
en la ciudad.

Se le fue la gente
con todo y ganado.
Se le fue la luna novia,
¡la noche le dice
que allá en la ciudad
se ha casado!
Le dejaron, vacías, las casas
¡a él que no sabe jugar
a los dados!

PUZZLE

Cuando subimos por sus rodillas
gruñó un poco:
su aliento silvó en su cabellera verde,
y tuvimos miedo...
Pero no cambió de postura.

Cuando pisábamos su espalda
miramos hacia abajo:
Navidad en abril.
Absurdo: esa cabra, ese buey,
los hombres hongos
y el espejito roto entre la lama.

Arriba comprendimos
que sin esfuerzo, con una mano,
podríamos derribarlo todo:
casas, árboles,

hasta la vaca pinta
segura de su *camouflage*.
¡Todo! Con ademán de niño
aburrido y enfermo:
ya lo ordenaríamos después,
o ya nunca lo ordenaríamos.

FONÓGRAFOS

EL SILENCIO nos ha estrujado,
inútiles, en los rincones.
Y nos roe
un retrato,
una palabra,
una nota.

El presente y el futuro
los inventaron
para que no lloráramos...

Y el corazón,
el corazón de mica
—sin diástole ni sístole—
enloquece bajo la aguja
y sangra en gritos
su pasado.

AMPLIFICACIONES

EN EL cuarto del pueblo,
fantástico y desnudo,
amarillo de luz de vela,
sobrecogido,
mis sienes dan la hora
en no sé qué reloj
puntual y eterno.

La soledad se agranda
como las sombras

en la sábana del muro,
como las caras de ayer
asomadas para adentro
en el marco de sus ventanas.

Y el silencio se mueve
y vibra
en torno de la llama blanda,
como el ala —¿de qué presagio?,
¿de qué insecto?— que acaricia,
que enfría, que empequeñece.

NOCHE

Cielo increíble,
tan estrellado y azul
como en la carta astronómica.

¡También en la noche rueda
sonando el agua incansable!
Y hay una luz tan morada,
tan salpicada de oro
que parece mediatarde.

Arroyos que se han dormido,
blancos de plata, se tienden
en el verde los caminos.

A aquella estrella señera,
quedada atrás, olvidada,
cantémosle una canción
lánguida y exagerada.
Que el eco hará la segunda
voz, y el viento en las ramas
acompañará la letra
tocando cuerdas delgadas...

 "Estrellita reluciente,
 préstame tu claridá
 para seguirle los pasos
 a mi amor que ya se va."

ARROYO

¡EL sol!
Hace trizas
los espejos y, hechos
azogue y vidrio,
los empuja
y los derrite.

¡Qué dulce el agua
disolviendo sales!
¡Qué fría
hirviendo siempre!
¡Cómo se astilla
contra las piedras que esculpe!
¡Cómo imanta sus agujas
rápidas!

Y cómo vence luego
el abandono
de sus crines blancas.

VIAJE

LA LUZ se va con el tren
silbando, enrollada en humo,
apenas si en las colinas
unta un brillo.

¡Ay! Y nos vamos pensando
lejos, con el tren silbando,
sin movernos ni cansarnos.

¡Ay! Y nos vamos pensando
sin volver adonde estamos.

Se mueve en el cielo un aire
cenizo, lento. Se mueve
un aire sin aire.

Nos moja, al correr, un agua
oscura y tibia. Nos moja
un agua sin agua.

Y el corazón se apresura
o, quién sabe, se detiene
oyendo el silbido que
raya largo, de punta
en la pizarra y nos deja
un calosfrío de infancia...

Así, robando la luz,
seguimos sin llegar
y sin partir.

INCOLOR

Paisaje inmóvil de cuatro colores,
de cuatro limpios colores:
azul, lavado azul de las montañas
y del cielo,
verde, húmedo verde en el prado
y en las colinas,
y gris en la nube compacta,
y amarillo.

Paisaje inmóvil de cuatro colores
en torno mío
y en el agua.
¡Y yo que esperaba
hallar, en el agua siquiera,
el mismo incolor que en mi alma!

Paisaje que no pasa nunca:
cierro los ojos y lo veo.

La lluvia afirmó sus colores
en vez de borrarlos.

Ya lo aprendí de memoria
y no puedo volver la página

para ver si encuentro
un paisaje, un paisaje
en que el agua,
no copiando ningún color,
sea del color de mi alma.

LUGARES [II]

LLÉVAME contigo tan lejos
que, en el camino, olvide
las palabras.

Llévame contigo tan cerca
que, sin camino, no tenga
palabras.

AZOTEAS

ASOMAN al cielo cóncavo
sus chimeneas
los barcos prietos, duros,
en este muelle
de azoteas.

Apenas si, lejos,
un humo delgado
mueve el horizonte...
o se hinchan velas blancas
en las cuerdas oblicuas.

Sólo un reflejo quiebran
los barcos de cartón
en el acero
de la ventana sumergida.

Pero también el mar está en el cielo
descorriendo largos telones
de olas maltratadas, telones
lentos,
grises,
despintados...

CALLES

CAMINAR bajo la rendija azul,
¡tan alta!
Caminar sin que los espejos
me pongan enfrente,
¡tan parecido a mí!

Callando, aunque el silencio
alargue la calle endurecida.
Caminar, sin que el eco
grabe el oculto disco de mi voz.

Al mediodía, al mediodía
siempre, para no ir delante de mí,
y para no seguirme
y no andar a mis pies.

De prisa, dejando atrás la compañía
eterna, hasta quedarme solo,
solo, sin soledad.

CINEMATÓGRAFO

EN LA calle, la plancha gris del cielo,
más baja cada vez,
nos empareda vivos...
El corazón, sin frío de invierno,
quiere llorar su juventud
a oscuras.

En este túnel el hollín
unta las caras,
y sólo así mi corazón se atreve.

En este túnel sopla
la música delgada,
y es tan largo que tardaré en salir
por aquella puerta con luz
donde lloran dos hombres
que quisieran estar a oscuras.

¿Por qué no pagarán la entrada?

LUGARES [III]

Yo TE dejaba ir, los ojos
cerrando, al fin te guardaba
la placa de mi retina.
¡Saldrías cercana y clara!

Por la noche revelaba
tu imagen para, de una vez, fijarla.
Al sol, borrosa y lejana,
¡no era nada!

SUITE DEL INSOMNIO

ECO

LA NOCHE juega con los ruidos
copiándolos en sus espejos
de sonidos.

SILBATOS

LEJANOS, largos
—¿de qué trenes sonámbulos?—,
se persiguen como serpientes,
ondulando.

TRANVÍAS

CASAS que corren locas
de incendio, huyendo
de sí mismas,
entre los esqueletos de las otras
inmóviles, quemadas ya.

ESPEJO

Ya nos dará la luz,
mañana, como siempre,
un rincón que copiar
exacto, eterno.

CUADRO

Qué temor, qué dolor
de envidia,
hacer luz y encontrarte
—mujer despierta siempre—,
ahora que crees que no te veo,
dormida.

RELOJ

¿Qué corazón avaro
cuenta el metal
de los instantes?

AGUA

Tengo sed.
¿De qué agua?
¿Agua de sueño? No.
De amanecer.

ALBA

Lenta y morada
pone ojeras en los cristales
y en la mirada.

Nostalgia de la muerte

NOCTURNOS

Burned in a sea of ice, and drowned amidst a fire.

MICHAEL DRAYTON

NOCTURNO

TODO lo que la noche
dibuja con su mano
de sombra:
el placer que revela,
el vicio que desnuda.

Todo lo que la sombra
hace oír con el duro
golpe de su silencio:
las voces imprevistas
que a intervalos enciende,
el grito de la sangre,
el rumor de unos pasos
perdidos.

Todo lo que el silencio
hace huir de las cosas:
el vaho del deseo,
el sudor de la tierra,
la fragancia sin nombre
de la piel.

Todo lo que el deseo
unta en mis labios:
la dulzura soñada
de un contacto,
el sabido sabor
de la saliva.

Y todo lo que el sueño
hace palpable:
la boca de una herida,
la forma de una entraña,
la fiebre de una mano
que se atreve.

¡Todo!
circula en cada rama
del árbol de mis venas,
acaricia mis muslos,
inunda mis oídos,
vive en mis ojos muertos,
muere en mis labios duros.

NOCTURNO MIEDO

Todo en la noche vive una duda secreta:
el silencio y el ruido, el tiempo y el lugar.
Inmóviles dormidos o despiertos sonámbulos
nada podemos contra la secreta ansiedad.

Y no basta cerrar los ojos en la sombra
ni hundirlos en el sueño para ya no mirar,
porque en la dura sombra y en la gruta del sueño
la misma luz nocturna nos vuelve a desvelar.

Entonces, con el paso de un dormido despierto,
sin rumbo y sin objeto nos echamos a andar.
La noche vierte sobre nosotros su misterio,
y algo nos dice que morir es despertar.

¿Y quién entre las sombras de una calle desierta,
en el muro, lívido espejo de soledad,
no se ha visto pasar o venir a su encuentro
y no ha sentido miedo, angustia, duda mortal?

El miedo de no ser sino un cuerpo vacío
que alguien, yo mismo o cualquier otro, puede ocupar,

y la angustia de verse fuera de sí, viviendo,
y la duda de ser o no ser realidad.

NOCTURNO GRITO

TENGO miedo de mi voz
y busco mi sombra en vano.

¿Será mía aquella sombra
sin cuerpo que va pasando?
¿Y mía la voz perdida
que va la calle incendiando?

¿Qué voz, qué sombra, qué sueño
despierto que no he soñado
serán la voz y la sombra
y el sueño que me han robado?

Para oír brotar la sangre
de mi corazón cerrado,
¿pondré la oreja en mi pecho
como en el pulso la mano?

Mi pecho estará vacío
y yo descorazonado
y serán mis manos duros
pulsos de mármol helado.

NOCTURNO DE LA ESTATUA

a Agustín Lazo

SOÑAR, soñar la noche, la calle, la escalera
y el grito de la estatua desdoblando la esquina.

Correr hacia la estatua y encontrar sólo el grito,
querer tocar el grito y sólo hallar el eco,

querer asir el eco y encontrar sólo el muro
y correr hacia el muro y tocar un espejo.
Hallar en el espejo la estatua asesinada,
sacarla de la sangre de su sombra,
vestirla en un cerrar de ojos,
acariciarla como a una hermana imprevista
y jugar con las fichas de sus dedos
y contar a su oreja cien veces cien cien veces
hasta oírla decir: "estoy muerta de sueño."

NOCTURNO EN QUE NADA SE OYE

EN MEDIO de un silencio desierto como la calle antes del crimen
sin respirar siquiera para que nada turbe mi muerte   — inversión
en esta soledad sin paredes
al tiempo que huyeron los ángulos
en la tumba del lecho dejo mi estatua sin sangre
para salir en un momento tan lento
en un interminable descenso
sin brazos que tender
sin dedos para alcanzar la escala que cae de un piano invisible
sin más que una mirada y una voz
que no recuerdan haber salido de ojos y labios
¿qué son labios? ¿qué son miradas que son labios?
y mi voz ya no es mía
dentro del agua que no moja
dentro del aire de vidrio
dentro del fuego lívido que corta como el grito
Y en el juego angustioso de un espejo frente a otro   — infinito
cae mi voz
y mi voz que madura
y mi voz quemadura   } calambur
y mi bosque madura
y mi voz quema dura
como el hielo de vidrio
como el grito de hielo
aquí en el caracol de la oreja
el latido de un mar en el que no sé nada | hipnosis
en el que no se nada
porque he dejado pies y brazos en la orilla

53

siento caer fuera de mí la red de mis nervios
mas huye todo como el pez que se da cuenta
hasta ciento en el pulso de mis sienes
muda telegrafía a la que nadie responde
porque el sueño y la muerte nada tienen ya que decirse.

NOCTURNO SUEÑO

a Jules Supervielle

ABRÍA las salas
profundas el sueño
y voces delgadas
corrientes de aire
entraban

Del barco del cielo
del papel pautado
caía la escala
por donde mi cuerpo
bajaba

El cielo en el suelo
como en un espejo
la calle azogada
dobló mis palabras

Me robó mi sombra
la sombra cerrada
Quieto de silencio
oí que mis pasos
pasaban

El frío de acero
a mi mano ciega
armó con su daga
Para darme muerte
la muerte esperaba

Y al doblar la esquina
un segundo largo

mi mano acerada
encontró mi espalda

Sin gota de sangre
sin ruido ni peso
a mis pies clavados
vino a dar mi cuerpo

Lo tomé en los brazos
lo llevé a mi lecho

Cerraba las alas
profundas el sueño

NOCTURNO PRESO

Prisionero de mi frente
el sueño quiere escapar
y fuera de mí probar
a todos que es inocente.
Oigo su voz impaciente,
miro su gesto y su estado
amenazador, airado.
No sabe que soy el sueño
de otro: si fuera su dueño
ya lo habría libertado.

NOCTURNO AMOR

a Manuel Rodríguez Lozano

El que nada se oye en esta alberca de sombra
no sé cómo mis brazos no se hieren
en tu respiración sigo la angustia del crimen
y caes en la red que tiende el sueño
Guardas el nombre de tu cómplice en los ojos
pero encuentro tus párpados más duros que el silencio
y antes que compartirlo matarías el goce

55

de entregarte en el sueño con los ojos cerrados
sufro al sentir la dicha con que tu cuerpo busca
el cuerpo que te vence más que el sueño
y comparo la fiebre de tus manos
con mis manos de hielo
y el temblor de tus sienes con mi pulso perdido
y el yeso de mis muslos con la piel de los tuyos
que la sombra corroe con su lepra incurable
Ya sé cuál es el sexo de tu boca
y lo que guarda la avaricia de tu axila
y maldigo el rumor que inunda el laberinto de tu oreja
sobre la almohada de espuma
sobre la dura página de nieve
No la sangre que huyó de mí como del arco huye la flecha
sino la cólera circula por mis arterias
amarilla de incendio en mitad de la noche
y todas las palabras en la prisión de la boca
y una sed que en el agua del espejo
sacia su sed con una sed idéntica
De qué noche despierto a esta desnuda
noche larga y cruel noche que ya no es noche
junto a tu cuerpo más muerto que muerto
que no es tu cuerpo ya sino su hueco
porque la ausencia de tu sueño ha matado a la muerte
y es tan grande mi frío que con un calor nuevo
abre mis ojos donde la sombra es más dura
y más clara y más luz que la luz misma
y resucita en mí lo que no ha sido
y es un dolor inesperado y aún más frío y más fuego
no ser sino la estatua que despierta
en la alcoba de un mundo en el que todo ha muerto.

NOCTURNO SOLO

SOLEDAD, aburrimiento,
vano silencio profundo,
líquida sombra en que me hundo,
vacío del pensamiento.
Y ni siquiera el acento
de una voz indefinible

que llegue hasta el imposible
rincón de un mar infinito
a iluminar con su grito
este naufragio invisible.

NOCTURNO ETERNO

CUANDO los hombres alzan los hombros y pasan
o cuando dejan caer sus nombres
hasta que la sombra se asombra

cuando un polvo más fino aún que el humo
se adhiere a los cristales de la voz
y a la piel de los rostros y las cosas

cuando los ojos cierran sus ventanas
al rayo del sol pródigo y prefieren
la ceguera al perdón y el silencio al sollozo

cuando la vida o lo que así llamamos inútilmente
y que no llega sino con un nombre innombrable
se desnuda para saltar al lecho
y ahogarse en el alcohol o quemarse en la nieve

cuando la vi cuando la vid cuando la vida
quiere entregarse cobardemente y a oscuras
sin decirnos siquiera el precio de su nombre

cuando en la soledad de un cielo muerto
brillan unas estrellas olvidadas
y es tan grande el silencio del silencio
que de pronto quisiéramos que hablara

o cuando de una boca que no existe
sale un grito inaudito
que nos echa a la cara su luz viva
y se apaga y nos deja una ciega sordera

o cuando todo ha muerto
tan dura y lentamente que da miedo
alzar la voz y preguntar "quién vive"

dudo si responder
a la muda pregunta con un grito
por temor de saber que ya no existo

porque acaso la voz tampoco vive
sino como un recuerdo en la garganta
y no es la noche sino la ceguera
lo que llena de sombra nuestros ojos

y porque acaso el grito es la presencia
de una palabra antigua
opaca y muda que de pronto grita

porque vida silencio piel y boca
y soledad recuerdo cielo y humo
nada son sino sombras de palabras
que nos salen al paso de la noche

NOCTURNO MUERTO

PRIMERO un aire tibio y lento que me ciña
como la venda al brazo enfermo de un enfermo
y que me invada luego como el silencio frío
al cuerpo desvalido y muerto de algún muerto.

Después un ruido sordo, azul y numeroso,
preso en el caracol de mi oreja dormida
y mi voz que se ahogue en ese mar de miedo
cada vez más delgada y más enardecida.

¿Quién medirá el espacio, quién me dirá el momento
en que se funda el hielo de mi cuerpo y consuma
el corazón inmóvil como la llama fría?

La tierra hecha impalpable silencioso silencio,
la soledad opaca y la sombra ceniza
caerán sobre mis ojos y afrentarán mi frente.

NOCTURNO

AL FIN llegó la noche con sus largos silencios,
con las húmedas sombras que todo lo amortiguan.
El más ligero ruido crece de pronto y, luego,
muere sin agonía.

El oído se aguza para ensartar un eco
lejano, o el rumor de unas voces que dejan,
al pasar, una huella de vocales perdidas.

¡Al fin llegó la noche tendiendo cenicientas
alfombras, apagando luces, ventanas últimas!

Porque el silencio alarga lentas manos de sombra.
La sombra es silenciosa, tanto que no sabemos
dónde empieza o acaba, ni si empieza o acaba.

Y es inútil que encienda a mi lado una lámpara:
la luz hace más honda la mina del silencio
y por ella desciendo, inmóvil, de mí mismo.

Al fin llegó la noche a despertar palabras
ajenas, desusadas, propias, desvanecidas:
tinieblas, corazón, misterio, plenilunio...

¡Al fin llegó la noche, la soledad, la espera!

Porque la noche es siempre el mar de un sueño antiguo,
de un sueño hueco y frío en el que ya no queda
del mar sino los restos de un naufragio de olvidos.

Porque la noche arrastra en su baja marea
memorias angustiosas, temores congelados,
la sed de algo que, trémulos, apuramos un día,
y la amargura de lo que ya no recordamos.

¡Al fin llegó la noche a inundar mis oídos
con una silenciosa marea inesperada,
a poner en mis ojos unos párpados muertos,
a dejar en mis manos un mensaje vacío!

NOCTURNO EN QUE HABLA LA MUERTE

SI LA muerte hubiera venido aquí, a New Haven,
escondida en un hueco de mi ropa en la maleta,
en el bolsillo de uno de mis trajes,
entre las páginas de un libro
como la señal que ya no me recuerda nada;
si mi muerte particular estuviera esperando
una fecha, un instante que sólo ella conoce
para decirme: "Aquí estoy.
Te he seguido como la sombra
que no es posible dejar así nomás en casa;
como un poco de aire cálido e invisible
mezclado al aire duro y frío que respiras;
como el recuerdo de lo que más quieres;
como el olvido, sí, como el olvido
que has dejado caer sobre las cosas
que no quisieras recordar ahora.
Y es inútil que vuelvas la cabeza en mi busca:
estoy tan cerca que no puedes verme,
estoy fuera de ti y a un tiempo dentro.
Nada es el mar que como un dios quisiste
poner entre los dos;
nada es la tierra que los hombres miden
y por la que matan y mueren;
ni el sueño en que quisieras creer que vives
sin mí, cuando yo misma lo dibujo y lo borro;
ni los días que cuentas
una vez y otra vez a todas horas,
ni las horas que matas con orgullo
sin pensar que renacen fuera de ti.
Nada son estas cosas ni los innumerables
lazos que me tendiste,
ni las infantiles argucias con que has querido dejarme
engañada, olvidada.

Aquí estoy, ¿no me sientes?
Abre los ojos; ciérralos, si quieres."

Y me pregunto ahora,
si nadie entró en la pieza contigua,
¿quién cerró cautelosamente la puerta?
¿Qué misteriosa fuerza de gravedad
hizo caer la hoja de papel que estaba en la mesa?
¿Por qué se instala aquí, de pronto, y sin que yo la invite,
la voz de una mujer que habla en la calle?

Y al oprimir la pluma,
algo como la sangre late y circula en ella,
y siento que las letras desiguales
que escribo ahora,
más pequeñas, más trémulas, más débiles,
ya no son de mi mano solamente.

NOCTURNO DE LOS ÁNGELES

a Agustín J. Fink

SE DIRÍA que las calles fluyen dulcemente en la noche.
Las luces no son tan vivas que logren desvelar el secreto,
el secreto que los hombres que van y vienen conocen,
porque todos están en el secreto
y nada se ganaría con partirlo en mil pedazos
si, por el contrario, es tan dulce guardarlo
y compartirlo sólo con la persona elegida.

Si cada uno dijera en un momento dado,
en sólo una palabra, lo que piensa,
las cinco letras del DESEO formarían una enorme cicatriz luminosa,
una constelación más antigua, más viva aún que las otras.
Y esa constelación sería como un ardiente sexo
en el profundo cuerpo de la noche,
o, mejor, como los Gemelos que por vez primera en la vida
se miraran de frente, a los ojos, y se abrazaran ya para siempre.

De pronto el río de la calle se puebla de sedientos seres,
caminan, se detienen, prosiguen.

Cambian miradas, atreven sonrisas,
forman imprevistas parejas...

Hay recodos y bancos de sombra,
orillas de indefinibles formas profundas
y súbitos huecos de luz que ciega
y puertas que ceden a la presión más leve.

El río de la calle queda desierto un instante.
Luego parece remontar de sí mismo
deseoso de volver a empezar.
Queda un momento paralizado, mudo, anhelante
como el corazón entre dos espasmos.

Pero una nueva pulsación, un nuevo latido
arroja al río de la calle nuevos sedientos seres.
Se cruzan, se entrecruzan y suben.
Vuelan a ras de tierra.
Nadan de pie, tan milagrosamente
que nadie se atrevería a decir que no caminan.

¡Son los ángeles!
Han bajado a la tierra
por invisibles escalas.
Vienen del mar, que es el espejo del cielo,
en barcos de humo y sombra,
a fundirse y confundirse con los mortales,
a rendir sus frentes en los muslos de las mujeres,
a dejar que otras manos palpen sus cuerpos febrilmente,
y que otro cuerpos busquen los suyos hasta encontrarlos
como se encuentran al cerrarse los labios de una misma boca,
a fatigar su boca tanto tiempo inactiva,
a poner en libertad sus lenguas de fuego,
a decir las canciones, los juramentos, las malas palabras
en que los hombres concentran el antiguo misterio
de la carne, la sangre y el deseo.

Tienen nombres supuestos, divinamente sencillos.
Se llaman Dick o John, o Marvin o Louis.
En nada sino en la belleza se distinguen de los mortales.

Caminan, se detienen, prosiguen.
Cambian miradas, atreven sonrisas.
Forman imprevistas parejas.

Sonríen maliciosamente al subir en los ascensores de los hoteles
donde aún se practica el vuelo lento y vertical.
En sus cuerpos desnudos hay huellas celestiales;
signos, estrellas y letras azules.
Se dejan caer en la camas, se hunden en las almohadas
que los hacen pensar todavía un momento en las nubes.
Pero cierran los ojos para entregarse mejor a los goces de su
    encarnación misteriosa,
y, cuando duermen, sueñan no con los ángeles sino con los
    mortales.

Los Ángeles, California.

NOCTURNO ROSA

a José Gorostiza

Yo TAMBIÉN hablo de la rosa.
Pero mi rosa no es la rosa fría
ni la de piel de niño,
ni la rosa que gira
tan lentamente que su movimiento
es una misteriosa forma de la quietud.

No es la rosa sedienta,
ni la sangrante llaga,
ni la rosa coronada de espinas,
ni la rosa de la resurrección.

No es la rosa de pétalos desnudos,
ni la rosa encerada,
ni la llama de seda,
ni tampoco la rosa llamarada.

No es la rosa veleta,
ni la úlcera secreta,
ni la rosa puntual que da la hora,
ni la brújula rosa marinera.

No, no es la rosa rosa
sino la rosa increada,
la sumergida rosa,
la nocturna,
la rosa inmaterial,
la rosa hueca.

Es la rosa del tacto en las tinieblas,
es la rosa que avanza enardecida,
la rosa de rosadas uñas,
la rosa yema de los dedos ávidos,
la rosa digital,
la rosa ciega.

Es la rosa moldura del oído,
la rosa oreja,
la espiral del ruido,
la rosa concha siempre abandonada
en la más alta espuma de la almohada.

Es la rosa encarnada de la boca,
la rosa que habla despierta
como si estuviera dormida.
Es la rosa entreabierta
de la que mana sombra,
la rosa entraña
que se pliega y expande
evocada, invocada, abocada,
es la rosa labial,
la rosa herida.

Es la rosa que abre los párpados,
la rosa vigilante, desvelada,
la rosa del insomnio desojada.

Es la rosa del humo,
la rosa de ceniza,
la negra rosa de carbón diamante
que silenciosa horada las tinieblas
y no ocupa lugar en el espacio.

NOCTURNO MAR

a Salvador Novo

Ni tu silencio duro cristal de dura roca,
ni el frío de la mano que me tiendes,
ni tus palabras secas, sin tiempo ni color,
ni mi nombre, ni siquiera mi nombre
que dictas como cifra desnuda de sentido;

ni la herida profunda, ni la sangre
que mana de sus labios, palpitante,
ni la distancia cada vez más fría
sábana nieve de hospital invierno
tendida entre los dos como la duda;

nada, nada podrá ser más amargo
que el mar que llevo dentro, solo y ciego,
el mar antiguo edipo que me recorre a tientas
desde todos los siglos,
cuando mi sangre aún no era mi sangre,
cuando mi piel crecía en la piel de otro cuerpo,
cuando alguien respiraba por mí que aún no nacía.

El mar que sube mudo hasta mis labios,
el mar que se satura
con el mortal veneno que no mata
pues prolonga la vida y duele más que el dolor.
El mar que hace un trabajo lento y lento
forjando en la caverna de mi pecho
el puño airado de mi corazón.

Mar sin viento ni cielo,
sin olas, desolado,
nocturno mar sin espuma en los labios,
nocturno mar sin cólera, conforme
con lamer las paredes que lo mantienen preso
y esclavo que no rompe sus riberas
y ciego que no busca la luz que le robaron
y amante que no quiere sino su desamor.

Mar que arrastra despojos silenciosos,
olvidos olvidados y deseos,

65

sílabas de recuerdos y rencores,
ahogados sueños de recién nacidos,
perfiles y perfumes mutilados,
fibras de luz y náufragos cabellos.

Nocturno mar amargo
que circula en estrechos corredores
de corales arterias y raíces
y venas y medusas capilares.

Mar que teje en la sombra su tejido flotante,
con azules agujas ensartadas
con hilos nervios y tensos cordones.

Nocturno mar amargo
que humedece mi lengua con su lenta saliva,
que hace crecer mis uñas con la fuerza
de su marea oscura.

Mi oreja sigue su rumor secreto,
oigo crecer sus rocas y sus plantas
que alargan más y más sus labios dedos.

Lo llevo en mí como un remordimiento,
pecado ajeno y sueño misterioso,
y lo arrullo y lo duermo
y lo escondo y lo cuido y le guardo el secreto.

NOCTURNO DE LA ALCOBA

La muerte toma siempre la forma de la alcoba
que nos contiene.

Es cóncava y oscura y tibia y silenciosa,
se pliega en las cortinas en que anida la sombra,
es dura en el espejo y tensa y congelada,
profunda en las almohadas y, en las sábanas, blanca.

Los dos sabemos que la muerte toma
la forma de la alcoba, y que en la alcoba
es el espacio frío que levanta
entre los dos un muro, un cristal, un silencio.

Entonces sólo yo sé que la muerte
es el hueco que dejas en el lecho
cuando de pronto y sin razón alguna
te incorporas o te pones de pie.

Y es el ruido de hojas calcinadas
que hacen tus pies desnudos al hundirse en la alfombra.

Y es el sudor que moja nuestros muslos
que se abrazan y luchan y que, luego, se rinden.

Y es la frase que dejas caer, interrumpida.
Y la pregunta mía que no oyes,
que no comprendes o que no respondes.

Y el silencio que cae y te sepulta
cuando velo tu sueño y lo interrogo.

Y solo, sólo yo sé que la muerte
es tu palabra trunca, tus gemidos ajenos
y tus involuntarios movimientos oscuros
cuando en el sueño luchas con el ángel del sueño.

La muerte es todo esto y más que nos circunda,
y nos une y separa alternativamente,
que nos deja confusos, atónitos, suspensos,
con una herida que no mana sangre.

Entonces, sólo entonces, los dos solos, sabemos
que no el amor sino la oscura muerte
nos precipita a vernos cara a cara a los ojos,
y a unirnos y a estrecharnos, más que solos y náufragos,
todavía más, y cada vez más, todavía.

CUANDO LA TARDE...

Cuando la tarde cierra sus ventanas remotas,
sus puertas invisibles,
para que el polvo, el humo, la ceniza,
impalpables, oscuros,

lentos como el trabajo de la muerte
en el cuerpo del niño,
vayan creciendo;
cuando la tarde, al fin, ha recogido
el último destello de luz, la última nube,
el reflejo olvidado y el ruido interrumpido,
la noche surge silenciosamente
de ranuras secretas,
de rincones ocultos,
de bocas entreabiertas,
de ojos insomnes.

La noche surge con el humo denso
del cigarrillo y de la chimenea.
La noche surge envuelta en su manto de polvo.
El polvo asciende, lento.
Y de un cielo impasible,
cada vez más cercano y más compacto,
llueve ceniza.

Cuando la noche de humo, de polvo y de ceniza
envuelve la ciudad, los hombres quedan
suspensos un instante,
porque ha nacido en ellos, con la noche, el deseo.

ESTANCIAS NOCTURNAS

Sonámbulo, dormido y despierto a la vez,
en silencio recorro la ciudad sumergida.
¡Y dudo! Y no me atrevo a preguntarme si es
el despertar de un sueño o es un sueño mi vida.

En la noche resuena, como en un mundo hueco,
el ruido de mis pasos prolongados, distantes.
Siento miedo de que no sea sino el eco
de otros pasos ajenos, que pasaron mucho antes.

Miedo de no ser nada más que un jirón del sueño
de alguien —¿de Dios?— que sueña en este mundo amargo.
Miedo de que despierte ese alguien —¿Dios?—, el dueño
de un sueño cada vez más profundo y más largo.

Estrella que te asomas, temblorosa y despierta,
tímida aparición en el cielo impasible,
tú, como yo —hace siglos—, estás helada y muerta,
mas por tu propia luz sigues siendo visible.

¡Seré polvo en el polvo y olvido en el olvido!
Pero alguien, en la angustia de una noche vacía,
sin saberlo él, ni yo, alguien que no ha nacido
dirá con mis palabras su nocturna agonía.

NOSTALGIAS

NOSTALGIA DE LA NIEVE

¡Cae la noche sobre la nieve!

Todos hemos pensado alguna vez
o alguien —yo mismo— lo piensa ahora
por quienes no saben que un día lo pensaron ya,
que las sombras que forman la noche de todos los días
caen silenciosas, furtivas, escondiéndose
detrás de sí mismas, del cielo:
copos de sombra.
Porque la sombra es la nieve oscura,
la impensable callada nieve negra.

¡Cae la nieve sobre la noche!

¡Qué luz de atardecer increíble,
hecha del polvo más fino,
llena de misteriosa tibieza,
anuncia la aparición de la nieve!
Luego, por hilos invisibles
y sueltos en el aire como una cabellera,
descienden
copos de pluma, copos de espuma.

Y algo de dulce sueño,
de sueño sin angustia,
infantil, tierno, leve
goce no recordado
tiene la milagrosa
forma en que por la noche
caen las silenciosas
sombras blancas de nieve.

CEMENTERIO EN LA NIEVE

A NADA puede compararse un cementerio en la nieve.
¿Qué nombre dar a la blancura sobre lo blanco?
El cielo ha dejado caer insensibles piedras de nieve
sobre las tumbas,
y ya no queda sino la nieve sobre la nieve
como la mano sobre sí misma eternamente posada.

Los pájaros prefieren atravesar el cielo,
herir los invisibles corredores del aire
para dejar sola la nieve,
que es como dejarla intacta,
que es como dejarla nieve.

Porque no basta decir que un cementerio en la nieve
es como un sueño sin sueños
ni como unos ojos en blanco.

Si algo tiene de un cuerpo insensible y dormido,
de la caída de un silencio sobre otro

y de la blanca persistencia del olvido,
¡a nada puede compararse un cementerio en la nieve!

Porque la nieve es sobre todo silenciosa,
más silenciosa aún sobre las losas exangües:
labios que ya no pueden decir una palabra.

NORTH CAROLINA BLUES

a Langston Hughes

En North Carolina
el aire nocturno
es de piel humana.
Cuando lo acaricio
me deja, de pronto,
en los dedos,
el sudor de una gota de agua.

En North Carolina

Meciendo el tronco vertical,
desde las plantas de los pies
hasta las palmas de las manos
el hombre es árbol otra vez.

En North Carolina

Si el negro ríe,
enseña granadas encías
y frutas nevadas.
Mas si el negro calla,
su boca es una roja
entraña.

En North Carolina

¿Cómo decir
que la cara de un negro se ensombrece?

En North Carolina

71

Habla un negro:
—Nadie me entendería
si dijera que hay sombra blancas
en pleno día.

En North Carolina

En diversas salas de espera
aguardan la misma muerte
los pasajeros de color
y los blancos, de primera.

En North Carolina

Nocturnos hoteles:
llegan parejas invisibles,
las escaleras suben solas,
fluyen los corredores,
retroceden las puertas,
cierran los ojos las ventanas.
Una mano sin cuerpo
escribe y borra negros
nombres en la pizarra.

En North Carolina

Confundidos
cuerpos y labios,
yo no me atrevería
a decir en la sombra:
Esta boca es la mía.

En North Carolina

MUERTE EN EL FRÍO

CUANDO he perdido toda fe en el milagro,
cuando ya la esperanza dejó caer la última nota
y resuena un silencio sin fin, cóncavo y duro;

cuando el cielo de invierno no es más que la ceniza
de algo que ardió hace muchos, muchos siglos;

cuando me encuentro tan solo, tan solo,
que me busco en mi cuarto
como se busca, a veces, un objeto perdido,
una carta estrujada, en los rincones;

cuando cierro los ojos pensando inútilmente
que así estaré más lejos
de aquí, de mí, de todo
aquello que me acusa de no ser más que un muerto,

siento que estoy en el infierno frío,
en el invierno eterno
que congela la sangre en las arterias,
que seca las palabras amarillas,
que paraliza el sueño,
que pone una mordaza de hielo a nuestra boca
y dibuja las cosas con una línea dura.

Siento que estoy viviendo aquí mi muerte,
mi sola muerte presente,
mi muerte que no puedo compartir ni llorar,
mi muerte de que no me consolaré jamás.

Y comprendo de una vez para nunca
el clima del silencio
donde se nutre y perfecciona la muerte.
Y también la eficacia del frío
que preserva y purifica sin consumir como el fuego.

Y en el silencio escucho dentro de mí el trabajo
de un minucioso ejército de obreros que golpean
con diminutos martillos mi linfa y mi carne estremecidas;

siento cómo se besan
y juntan para siempre sus orillas
las islas que flotaban en mi cuerpo;

cómo el agua y la sangre
son otra vez la misma agua marina,
y cómo se hiela primero
y luego se vuelve cristal

y luego duro mármol,
hasta inmovilizarme en el tiempo más angustioso y lento,
con la vida secreta, muda e imperceptible
del mineral, del tronco, de la estatua.

PARADOJA DEL MIEDO

¡CÓMO pensar, un instante siquiera,
que el hombre mortal vive!
El hombre está muerto de miedo,
de miedo mortal a la muerte.

El miedo lo acompaña como la sombra al cuerpo.
le asalta en las tinieblas,
se revela en su sueño,
toma, a veces, la forma del valor.

Y sin embargo existe un miedo, miedo mayor,
mayor aún que el miedo a la muerte,
un miedo más miedo aún:
el miedo a la locura,
el miedo indescriptible
que dura la eternidad del espasmo
y que produce el mismo doloroso placer;
el miedo de dejar de ser uno mismo
ya para siempre,
ahogándose en un mundo
en que ya las palabras y los actos
no tengan el sentido que acostumbramos darles;
en un mundo en que nadie,
ni nosotros mismos,
podamos reconocernos:
"¿Éste soy yo?"
"¡Éste no, no eres tú!"

O el miedo de llegar a ser uno mismo
tan directa y profundamente
que ni los años, ni la consunción ni la lepra,
nada ni nadie
nos distraiga un instante

de nuestra perfecta atención a nosotros mismos,
haciéndonos sentir nuestra creciente,
irreversible parálisis.

¡Cuántas veces nos hemos sorprendido exclamando
desde el más recóndito pozo de nuestro ser
y por boca de nuestras heridas extrañas:
"¡Pero si no estoy loco!"
"¡Acaso crees que estoy muerto!"

Y no obstante ese miedo,
ese miedo mortal a la muerte,
lo hemos sentido todos,
una vez y otra vez,
atrayente como el vacío,
como el peligro, como el roce
que va derecho al espasmo,
al espasmo que es la sola muerte
que la bestia y el hombre conocen y persiguen.

¿Y qué vida sería la de un hombre
que no hubiera sentido, por una vez siquiera,
la sensación precisa de la muerte,
y luego su recuerdo,
y luego su nostalgia?

Si la sustancia durable del hombre
no es otra sino el miedo;
y si la vida es un inaplazable
mortal miedo a la muerte,
puesto que ya no puede sentir miedo,
puesto que ya no puede morir,
sólo un muerto, profunda y valerosamente,
puede disponerse a vivir

VOLVER...

Volver a una patria lejana,
volver a una patria olvidada,
oscuramente deformada

por el destierro en esta tierra.
¡Salir del aire que me encierra!
Y anclar otra vez en la nada.
La noche es mi madre y mi hermana,
la nada es mi patria lejana,
la nada llena de silencio,
la nada llena de vacío,
la nada sin tiempo ni frío,
la nada en que no pasa nada.

DÉCIMA MUERTE

a Ricardo de Alcázar

I

¡QUÉ prueba de la existencia
habrá mayor que la suerte
de estar viviendo sin verte
y muriendo en tu presencia!
Esta lúcida conciencia
de amar a lo nunca visto
y de esperar lo imprevisto;
este caer sin llegar
es la angustia de pensar
que puesto que muero existo.

II

Si en todas partes estás,
en el agua y en la tierra,
en el aire que me encierra
y en el incendio voraz;
y si a todas partes vas
conmigo en el pensamiento,
en el soplo de mi aliento
y en mi sangre confundida,
¿no serás, Muerte, en mi vida,
agua, fuego, polvo y viento?

III

Si tienes manos, que sean
de un tacto sutil y blando,
apenas sensible cuando
anestesiado me crean;
y que tus ojos me vean
sin mirarme, de tal suerte
que nada me desconcierte
ni tu vista ni tu roce,
para no sentir un goce
ni un dolor contigo, Muerte.

IV

Por caminos ignorados,
por hendiduras secretas,
por las misteriosas vetas
de troncos recién cortados,
te ven mis ojos cerrados
entrar en mi alcoba oscura
a convertir mi envoltura
opaca, febril, cambiante,
en materia de diamante
luminosa, eterna y pura.

V

No duermo para que al verte
llegar lenta y apagada,
para que al oír pausada
tu voz que silencios vierte,
para que al tocar la nada
que envuelve tu cuerpo yerto,
para que a tu olor desierto
pueda, sin sombra de sueño,
saber que de ti me adueño,
sentir que muero despierto.

VI

La aguja del instantero
recorrerá su cuadrante,
todo cabrá en un instante
del espacio verdadero
que, ancho, profundo y señero,
será elástico a tu paso
de modo que el tiempo cierto
prolongará nuestro abrazo
y será posible, acaso,
vivir después de haber muerto.

VII

En el roce, en el contacto,
en la inefable delicia
de la suprema caricia
que desemboca en el acto,
hay un misterioso pacto
del espasmo delirante
en que un cielo alucinante
y un infierno de agonía
se funden cuando eres mía
y soy tuyo en un instante.

VIII

¡Hasta en la ausencia estás viva!
Porque te encuentro en el hueco
de una forma y en el eco
de una nota fugitiva;
porque en mi propia saliva
fundes tu sabor sombrío,
y a cambio de lo que es mío
me dejas sólo el temor
de hallar hasta en el sabor
la presencia del vacío.

IX

Si te llevo en mí prendida
y te acaricio y escondo;
si te alimento en el fondo
de mi más secreta herida;
si mi muerte te da vida
y goce mi frenesí,
¿qué será, Muerte, de ti
cuando al salir yo del mundo,
deshecho el nudo profundo,
tengas que salir de mí?

X

En vano amenazas, Muerte,
cerrar la boca a mi herida
y poner fin a mi vida
con una palabra inerte.
¡Qué puedo pensar al verte,
si en mi angustia verdadera
tuve que violar la espera;
si en vista de tu tardanza
para llenar mi esperanza
no hay hora en que yo no muera!

Canto a la primavera

y otros poemas

CANTO A LA PRIMAVERA

La PRIMAVERA nace
de no sabremos nunca
qué secretas regiones
de la tierra sumisa,
del mar inacabable,
del infinito cielo.

La primavera sube
de la tierra. Es el sueño,
el misterioso sueño
de la tierra dormida,
fatigada y herida.
Es sueño en el que todo
lo que la tierra encierra,
desde el profundo olvido,
desde la muerte misma,
germina o se despierta
y regresa a la vida.
¡La primavera sube de la tierra!

La primavera llega
del mar. Es una ola
confundida entre todas, ignorada,
perdida sin saberlo
como un niño desnudo entre las olas,
cayendo y levantándose desnuda,
entre las olas grandes,
entre las incansables
eternas olas altas.
¡Porque la primavera es una ola!

La primavera surge
del cielo. Es una nube
silenciosa y delgada,
la más pálida y niña.
Nadie la mira alzarse,
pero ella crece y sube
a los hombros del viento,
y llega, inesperada.
¡Porque la primavera es una nube!

La primavera surge, llega y sube
y es el sueño y la ola y es la nube.

Pero también la primavera nace
de pronto en nuestro cuerpo,
filtrando su inasible,
su misteriosa savia
en cada débil rama
del árbol de los nervios;
mezclando su invisible
y renovada linfa
a nuestra sangre antigua.
¡Y enciende las mejillas,
y abrillanta los ojos fatigados,
da calor a las yemas de los dedos
y despierta la sed en nuestros labios!

Decimos en silencio
o en voz alta, de pronto, "Primavera",
y algo nace o germina
o tiembla o se despierta.

Magia de la palabra:
primavera, sonrisa,
promesa y esperanza.

Porque la primavera es la sonrisa
y, también, la promesa y la esperanza

La sonrisa del niño
que no comprende al mundo
y que lo encuentra hermoso:
¡del niño que no sabe todavía!

La promesa de dicha
murmurada al oído,
la promesa que aviva
los ojos y los labios:
¡qué importa que no llegue
a cumplirse algún día!

La trémula esperanza,
la confiada esperanza que no sabe
que alimenta la angustia
y aplaza el desengaño:
¡el frío desengaño
que vendrá inevitable!

Porque la primavera
es ante todo la verdad primera,
la verdad que se asoma
sin ruido, en un momento,
la que al fin nos parece
que va a durar, eterna,
la que desaparece
sin dejar otra huella
que la que deja el ala
de un pájaro en el viento.

AMOR CONDUSSE NOI AD UNA MORTE

AMAR es una angustia, una pregunta,
una suspensa y luminosa duda;
es un querer saber todo lo tuyo
y a la vez un temor de al fin saberlo.

Amar es reconstruir, cuando te alejas,
tus pasos, tus silencios, tus palabras,
y pretender seguir tu pensamiento
cuando a mi lado, al fin inmóvil, callas.

Amar es una cólera secreta,
una helada y diabólica soberbia.

Amar es no dormir cuando en mi lecho
sueñas entre mis brazos que te ciñen,
y odiar el sueño en que, bajo tu frente,
acaso en otros brazos te abandonas.

Amar es escuchar sobre tu pecho,
hasta colmar la oreja codiciosa,
el rumor de tu sangre y la marea
de tu respiración acompasada.

Amar es absorber tu joven savia
y juntar nuestras bocas en un cauce
hasta que de la brisa de tu aliento
se impregnen para siempre mis entrañas.

Amar es una envidia verde y muda,
una sutil y lúcida avaricia.

Amar es provocar el dulce instante
en que tu piel busca mi piel despierta;
saciar a un tiempo la avidez nocturna
y morir otra vez la misma muerte
provisional, desgarradora, oscura.

Amar es una sed, la de la llaga
que arde sin consumirse ni cerrarse,
y el hambre de una boca atormentada
que pide más y más y no se sacia.

Amar es una insólita lujuria
y una gula voraz, siempre desierta.

Pero amar es también cerrar los ojos,
dejar que el sueño invada nuestro cuerpo
como un río de olvido y de tinieblas,
y navegar sin rumbo, a la deriva:
porque amar es, al fin, una indolencia.

SONETO DE LA GRANADA

a Alfonso Reyes

Es MI amor como el oscuro
panal de sombra encarnada,
que la hermética granada
labra en su cóncavo muro.

Silenciosamente apuro
mi sed, mi sed no saciada,
y la guardo congelada
para un alivio futuro.

Acaso una boca ajena
a mi secreto dolor
encuentre mi sangre, plena,

y mi carne, dura y fría,
y en mi acre y dulce sabor
sacie su sed con la mía.

SONETO DE LA ESPERANZA

AMAR es prolongar el breve instante
de angustia, de ansiedad y de tormento
en que, mientras espero, te presiento
en la sombra suspenso y delirante.

¡Yo quisiera anular de tu cambiante
y fugitivo ser el movimiento,
y cautivarte con el pensamiento
y por él sólo ser tu solo amante!

Pues si no quiero ver, mientras avanza
el tiempo indiferente, a quien más quiero,
para soñar despierto en su tardanza

la sola posesión de lo que espero,
es porque cuando llega mi esperanza
es cuando ya sin esperanza muero.

DÉCIMAS DE NUESTRO AMOR

I

A mí mismo me prohibo
revelar nuestro secreto,
decir tu nombre completo
o escribirlo cuando escribo.
Prisionero de ti, vivo
buscándote en la sombría
caverna de mi agonía.
Y cuando a solas te invoco,
en la oscura piedra toco
tu impasible compañía.

II

Si nuestro amor está hecho
de silencios prolongados
que nuestros labios cerrados
maduran dentro del pecho;
y si el corazón deshecho
sangra como la granada
en su sombra congelada,
¿por qué, dolorosa y mustia,
no rompemos esta angustia
para salir de la nada?

III

Por el temor de quererme
tanto como yo te quiero,
has preferido, primero,
para salvarte, perderme.
Pero está mudo e inerme
tu corazón, de tal suerte
que si no me dejas verte
es por no ver en la mía
la imagen de tu agonía:
porque mi muerte es tu muerte.

Te alejas de mí pensando
que me hiere tu presencia,
y no sabes que tu ausencia
es más dolorosa cuando
la soledad se va ahondando,
y en el silencio sombrío,
sin quererlo, a pesar mío,
oigo tu voz en el eco
y hallo tu forma en el hueco
que has dejado en el vacío.

V

¿Por qué dejas entrever
una remota esperanza,
si el deseo no te alcanza,
si nada volverá a ser?
Y si no habrá amanecer
en mi noche interminable
¿de qué sirve que yo hable
en el desierto, y que pida,
para reanimar mi vida,
remedio a lo irremediable?

Esta incertidumbre oscura
que sube en mi cuerpo y que
deja en mi boca no sé
qué desolada amargura;
este sabor que perdura
y, como el recuerdo, insiste,
y, como tu olor, persiste
con su penetrante esencia,
es la sola y cruel presencia
tuya, desde que partiste.

VII

Apenas has vuelto, y ya
en todo mi ser avanza,
verde y turbia, la esperanza
para decirme: "¡Aquí está!"
Pero su voz se oirá
rodar sin eco en la oscura
soledad de mi clausura
y yo seguiré pensando
que no hay esperanza cuando
la esperanza es la tortura.

VIII

Ayer te soñé. Temblando
los dos en el goce impuro
y estéril de un sueño oscuro.
Y sobre tu cuerpo blando
mis labios iban dejando
huellas, señales, heridas...
Y tus palabras transidas
y las mías delirantes
de aquellos breves instantes
prolongaban nuestras vidas.

IX

Si nada espero, pues nada
tembló en ti cuando me viste
y ante mis ojos pusiste
la verdad más desolada;
si no brilló en tu mirada
un destello de emoción,
la sola oscura razón,
la fuerza que a ti me lanza,
perdida toda esperanza,
es... ¡la desesperación!

Mi amor por ti ¡no murió!
Sigue viviendo en la fría,
ignorada galería
que en mi corazón cavó.
Por ella desciendo y no
encontraré la salida,
pues será toda mi vida
esta angustia de buscarte
a ciegas, con la escondida
certidumbre de no hallarte.

NUESTRO AMOR

Si NUESTRO amor no fuera,
al tiempo que un secreto,
un tormento, una duda,
una interrogación;

si no fuera una larga
espera interminable,
un vacío en el pecho
donde el corazón llama
como un puño cerrado
a una puerta impasible;

si nuestro amor no fuera
el sueño doloroso
en que vives sin mí,
dentro de mí, una vida
que me llena de espanto;

si no fuera un desvelo,
un grito iluminado
en la noche profunda;

si nuestro amor no fuera
como un hilo tendido
en que vamos los dos
sin red sobre el vacío;

si tus palabras fueran
sólo palabras para
nombrar con ellas cosas
tuyas, no más, y mías;

si no resucitaran,
si no evocaran trágicas
distancias y rencores
traspuestos, olvidados;

si tu mirada fuera
siempre la que un instante
—¡pero un instante eterno!—
es tu más honda entrega;

si tus besos no fueran
sino para mis labios
trémulos y sumisos;

si tu lenta saliva
no fundiera en mi boca
su sabor infinito;

si juntos nuestros labios
desnudos como cuerpos,
y nuestros cuerpos juntos
como labios desnudos
no formaran un cuerpo
y una respiración,
¡no fuera amor el nuestro,
no fuera nuestro amor!

INVENTAR LA VERDAD

PONGO el oído atento al pecho,
como, en la orilla, el caracol al mar.
Oigo mi corazón latir sangrando
y siempre y nunca igual.

Sé por quién late así, pero no puedo
decir por qué será.

Si empezara a decirlo con fantasmas
de palabras y engaños, al azar,
llegaría, temblando de sorpresa,
a inventar la verdad:
¡Cuando fingí quererte, no sabía
que te quería ya!

MADRIGAL SOMBRÍO

Dichoso amor el nuestro, que nada y nadie nombra:
prisionero olvidado, sin luz y sin testigo.
Amor secreto que convierte en miel la sombra,
como la florescencia en la cárcel del higo.

DESEO

Amarte con un fuego duro y frío.
Amarte sin palabras, sin pausas ni silencios.

Amarte sólo cada vez que quieras,
y sólo con la muda presencia de mis actos.

Amarte a flor de boca y mientras la mentira
no se distinga en ti de la ternura.

Amarte cuando finges toda la indiferencia
que tu abandono niega, que funde tu calor.

Amarte cada vez que tu piel y tu boca
busquen mi piel dormida y mi boca despierta.

Amarte por la soledad, si en ella me dejas.
Amarte por la ira en que mi razón enciendes.

Y, más que por el goce y el delirio,
amarte por la angustia y por la duda.

PALABRA

PALABRA que no sabes lo que nombras.
Palabra, ¡reina altiva!
Llamas nube a la sombra fugitiva
de un mundo en que las nubes son las sombras.

SONETO DEL TEMOR A DIOS

ESTE miedo de verte cara a cara,
de oír el timbre de tu voz radiante
y de aspirar la emanación fragante
de tu cuerpo intangible, nos separa.

¡Cómo dejaste que desembarcara
en otra orilla, de tu amor distante!
Atado estoy, inmóvil navegante,
¡y el río de la angustia no se para!

Y no sé para qué tendiendo redes
con palabras pretendo aprisionarte,
si, a medida que avanzan, retrocedes.

Es inútil mi fiebre de alcanzarte,
mientras tú mismo, que todo lo puedes,
no vengas en mis redes a enredarte.

CREPUSCULAR

¿POR QUÉ en la vida levantar de jaspe
una morada a nuestro sueño vano,
si al cabo de ella nuestro cierto albergue
        será la tumba?

¿No es más hermoso a las calladas márgenes
del lago, cuna de tristezas viejas,
pulsar la lira, cuando en ríos de púrpura
     muere la tarde?

¿No es más hermoso en los dormidos vientos,
cuando reza el crepúsculo en voz baja,
ver la paloma que la estela teje
     de su albo vuelo?

¡A mí cuán place contemplar los cisnes
callados, orgullosos, pensativos,
que en el espejo de las aguas dejan
     huellas de nieve!

Huellas de nieve, pensamientos blancos,
lirios de luz flotando, cual si fueran
resquebrajos de estrellas; hojas secas
     de flor de cisne.

Déme la noche su vergel de flores
que en los collados eternales brillan,
rosas de fuego que nevada mano
     cortar no puede.

Y al monte subiré, desde sus cumbres
una estrella asiré, remota y pálida;
la sembraré en los surcos de mi vida
     y de mi carne.

Y al fin del viaje, al descender del monte,
déme a su falda, bajo cruz humilde,
la madre tierra junto al manso sauce
     tranquila tumba.

Y entre sus ramas, cual dormido pájaro,
penda mi lira; porque entonces quiero
oír sus notas, cuando el cierzo helado
     pulse sus cuerdas.

ESTATUA

Te has hecho unos ojos duros,
sin fondo y sin horizonte,
que no miran,
que no quieren que otros ojos
curiosos, lentos, los miren.

Te has hecho, pacientemente,
con un cuidado infinito,
un cuerpo, un cuerpo de mármol,
pulido, perfecto, frío.

Y es inútil que otros ojos
pretendan tocar los tuyos
con dedos de luz,
con rayos que no ciegan
ni hacen daño.

Y es inútil que otros cuerpos
quieran mirarte de cerca
con los ojos misteriosos
que hay en la piel,
con los ojos de los dedos,
con los sensibles, despiertos,
de los labios.

Te has hecho un mundo de estatua,
lleno de ti, para ti.

EPIGRAMAS DE BOSTON

I

El puritanismo
ha creado
un nuevo pecado:

el exceso de vestido,
que, bien mirado
y por ser tan distinguido,
en nada se distingue del nudismo.

II

LLEVA polainas y bastón,
el cuello almidonado
y la corbata de plastrón,
y celosamente guardado,
como Aquiles a Patroclo,
el vulnerable talón
del monoclo.

III

EN LA novela de Jorge Santayana
—un extraordinario éxito de venta—
dice, ¿quién?, ¿la doncella alemana?
—"Toda una vida puedes pasar
en Boston, sin caer en la cuenta
de que estás en un puerto de mar."

Como del mar viene el placer,
y el placer es en Boston un pecado,
ya no saben qué hacer
para tener al mar emparedado.

IV

COMO los rascacielos
no son tradicionales,
aquí los ponen por los suelos,
horizontales.

V

Vicios privados en edificios
públicos llegan a servicios
públicos en edificios
privados.

VI

En hoteles y ascensores
la moral consabida
exige diferente salida
a las damas y a los señores.

De modo que los maridos,
los amantes, los pretendientes
y los recién casados
tienen que estar pendientes
para reunirse, de manera
subrepticia y privada,
con la esposa, la amada,
la novia o la niñera.

VII

Los ángeles puritanos,
para disimular su vuelo,
en traje de baño
se tiran al fondo del cielo.

VIII

En Boston es grave falta
hablar de ciertas mujeres,
por eso aunque nieva nieve
mi boca no se atreve
a decir en voz alta:
ni Eva ni Hebe.

EPITAFIOS

I

(J. C.)

Agucé la razón
tanto, que oscura
fue para los demás
mi vida, mi pasión
y mi locura.
Dicen que he muerto.
No moriré jamás:
¡estoy despierto!

II

Duerme aquí, silencioso e ignorado,
el que en vida vivió mil y una muertes.
Nada quieras saber de mi pasado.
Despertar es morir. ¡No me despiertes!

TEATRO

La hiedra

PIEZA EN TRES ACTOS

a María Teresa

PERSONAJES

EL AMA
LA JOVEN
TERESA
ERNESTO
JULIA
HIPÓLITO
ALICIA

En la ciudad de México. Hoy

ACTO PRIMERO

En la casa de una acomodada familia mexicana. Sala dispuesta siguiendo el gusto del siglo xix. La pared del fondo forma ángulo agudo con la línea del proscenio, partiendo del primer término de la derecha, para terminar en el último de la izquierda donde se ve, esquinada, la amplia entrada del vestíbulo. En primer término, a derecha e izquierda, puerta que comunica con habitaciones interiores. La pared del fondo está dividida por tres puertas vidrieras, que dan al jardín y que están provistas de pesadas cortinas y de puertas dobles, plegadizas. Al vestíbulo se llega por dos escalones que levantan el nivel de su piso, y una amplia entrada que, cuando no está oculta por pesada cortina, lo deja aparecer muy iluminado y con muebles modernos, en violento contraste con la sala que se hallará amueblada siguiendo el estilo "Directorio" o "Luis Felipe", con algún toque romántico: cuadros de tapicería, candelabros con briseras, porcelanas...

La sala debe dar la impresión de un lugar cerrado por varios años, donde la vida ha quedado como suspensa y aislada del mundo exterior.

99

En primer término, a la derecha, juego de sofá, sillón y mesa con lámpara. A la izquierda, otro de dos sillas separadas por una mesa con lámpara.

Al levantarse el telón, la escena estará en penumbra. Sólo un instante permanecerá vacía. Por la puerta de la izquierda se verá entrar, a tientas, a dos mujeres. Por la puerta abierta entrará un haz de luz que desaparecerá al caer la cortina. Avanzan las mujeres hasta las ventanas del fondo. Mientras tanto, se las oye decir:

ESCENA I

El ama, la joven

EL AMA.—¡Qué idea de Teresa! Primero nadie había de entrar en la sala, y a última hora...

LA JOVEN.—La cocinera me dijo hace un momento: ¡Al fin vas a conocer el cuarto oscuro!

EL AMA.—Más de un mes lleva cerrado: desde que murió el señor.

LA JOVEN.—¡Tanto así! ¡Huele a encierro!

EL AMA.—Es verdad, pero al mismo tiempo ¿no aspiras el perfume de la madera? Me gusta.

(La mujer que habló en último lugar descorre las cortinas de las ventanas. Haces de luz matinal entran en la habitación, dejando a las dos mujeres un instante inmóviles y como deslumbradas. La que descorrió las cortinas es una mujer de unos cuarenta y cinco a cincuenta años, de pelo entrecano, vestida de gris oscuro. Por su actitud y sus movimientos se comprende que es el ama si no la dueña de la casa. La otra, a quien se ve abrazando un jarrón con flores, es una sirvienta joven, bonita y bien vestida.)

EL AMA.—¡Vas a soltar ese jarrón!

LA JOVEN.—No, señora.

EL AMA.—Colócalo en la mesa, mientras resolvemos dónde... (La joven obedece. El ama toca la superficie de uno de los muebles.) Todo está cubierto de polvo. Tenemos que darnos prisa.

(Y con los lienzos que traen en la mano se les verá recoger el polvo. El ama abre de par en par la ventana. Ratifican cuidadosamente la posición de los muebles que han movido para quitarles el polvo. Todo mientras hablan.)

101

La joven.—La señora está muy nerviosa, ¿verdad?

El ama.—¿Quién, yo? No tengo por qué estarlo.

La joven.—Pensaba en la señora Teresa.

El ama.—¡Ya me extrañaba! Ella sí tiene razones para estar nerviosa. (*Va a seguir hablando, se interrumpe en su labor, pero, luego, desecha visiblemente la idea y vuelve a su tarea.*)

La joven.—Tengo unas ganas de conocer al niño Hipólito...

El ama.—Al niño Hipólito no le podrás hacer un cariño siquiera.

La joven.—¿Es huraño?

El ama.—No puedo decirte si todavía es muy huraño.

La joven.—¿Entonces?

El ama.—Quiero decir que ya puedes desistir de la idea de acariciarlo: el niño Hipólito ha de tener ahora cerca de veinticinco años.

La joven.—¡Es posible! Como la señora habla de él como si se tratara de un niño...

El ama.—Teresa no ha podido o no ha querido dejar de pensar en él como en el niño que se separó de su padre hace doce años.

La joven.—Ahora me explico por qué su mamá lo echa de menos...

El ama.—(*Interrumpiéndola.*) La madre de Hipólito murió hace muchos años.

La joven.—(*Sorprendida.*) ¿Entonces la señora Teresa no es la mamá del niño Hipólito?

El ama.—No, muchacha. Bien se ve que no sabes nada y lo mejor será que te enteres, para que no cometas indiscreciones. Hipólito es hijo del primer matrimonio. Teresa es la madrastra de Hipólito.

La joven.—¡Pero eso no es posible! La señora habla como si el niño Hipólito fuera su hijo. Una madrastra...

El ama.—Teresa no es una madrastra de cuento de hadas, de esas que maltratan a sus hijastros y los hacen ver su suerte.

La joven.—Si no fuera porque usted me lo dice, yo habría jurado que el niño Hipólito era el hijo de la señora.

El ama.—Pues ahora ya estás enterada y no tienes más que callar.

La joven.—La señora Teresa me enseñó los retratos del niño Hipólito. "Mira qué lindo es mi niño", me dijo.

El ama.—(*Irónica.*) Y ¿qué te pareció?

La joven.—Un niño precioso.

102

El ama.—Ya te preguntaré ahora que lo veas hecho un hombre.

La joven.—*(Ríe. Luego, con timidez.)* ¿Puedo hacerle una pregunta, señora?

El ama.—Sí, pero no estés muy segura de obtener respuesta.

La joven.—¿Por qué razón el niño Hipólito se fue y no ha vuelto a su casa en tantos años?

El ama.—*(Va a responder. Pero luego, desistiendo.)* Ése no es el polvo que debemos remover y limpiar, sino este otro; date prisa.

La joven.—*(Decepcionada.)* Está bien, señora.

(No han dejado, mientras hablan, de sacudir los muebles y objetos, cuidando de ratificar después sus posiciones. Al decir su último parlamento, el ama se hallará colocando sobre la mesa, en un lugar muy visible, el jarrón que ostenta un enorme ramo de flores. En ese mismo momento, por la puerta de la derecha, aparecerá Teresa. Quedará un instante suspensa, antes de entrar. Se diría que no sólo la última frase del ama, que alcanzó a oír, sino también la atmósfera del salón que había clausurado desde la muerte de su esposo, la paraliza un momento. Luego, oprimiéndose las sienes con los dedos de la mano derecha y haciendo un ademán que indica que debe apartar un pensamiento doloroso, que la asalta, entra resueltamente.

Teresa tiene unos treinta y cinco años. Es alta y fuerte. Se diría que bajo su piel de un color vegetal circula savia en vez de sangre. El aire y la luz la turban y la hacen sentir más profundamente. Se diría también que de todos los objetos que toca, que de todos los seres que abraza, extrae, insensiblemente, algo que la enriquece. Y se adivina que la oscuridad y la soledad completas la empobrecerían definitivamente.)

El ama, la joven, Teresa

Teresa.—*(Dirigiéndose directamente a la ventana.)* ¡Qué luz más intensa! *(Respira profundamente el aire de la mañana de invierno.)* ¡Y qué aire más puro!

El ama.—No habrías dicho lo mismo hace un momento, cuando entramos.

103

Teresa.—Es natural, después de haber estado cerrado todo este tiempo. (*Mira hacia la entrada del vestíbulo, y dirigiéndose a la joven.*) Descorre esa cortina, Elena. Quiero que Hipólito llegue del vestíbulo a aquí, directamente.

(*La joven obedece.*)

El ama.—¿Qué te parecen las flores?

Teresa.—¡Maravillosas! (*Dice esto tocando las flores con las manos y las mejillas.*) ¡Están frías como el mármol! (*Pero un pensamiento la asalta. Se dirige al primer término de la sala, y se sienta, meditabunda, en el sillón. Luego.*) Elena.

La joven.—Diga usted, señora.

Teresa.—Lleva el jarrón al comedor. Creo que estará mejor allí.

(*Al oírla, el ama y la joven interrumpen su faena y observan a Teresa que mira delante de sí. Luego, a una señal del ama, la joven toma el jarrón y sale por la derecha.*)

ESCENA III

El ama, Teresa

(*El ama reanuda su tarea. Teresa se levanta, y mientras se dirige hacia las ventanas.*)

Teresa.—¿No te parece que hay demasiada luz?

(*Cierra la ventana. Va a correr la cortina.*)

El ama.—¿Vas a correr las cortinas?

Teresa.—(*Corriendo las cortinas de las tres ventanas del fondo.*) Creo que es lo mejor. Había demasiada luz, demasiada vida indiferente en este lugar que era el suyo predilecto. No es que quiera que Hipólito encuentre un ambiente fúnebre aquí, pero al mismo tiempo...

El ama.—¿Por eso hiciste que se llevaran las flores?

Teresa.—Precisamente. No debemos darle la impresión de que en esta casa hay una alegría que, tú bien lo sabes, en realidad no hay.

El ama.—Tienes razón.

Teresa.—*(Después de tomar asiento.)* Estoy desconcertada. No es fácil este encuentro... en el que van a abrirse tantas heridas que todavía sangran. Y no hablo sólo de mí. Creo que Hipólito estará igualmente nervioso...

El ama.—Es natural. *(Pausa.)* ¿Sabes que la muchacha creía que Hipólito es tu hijo? Me pareció oportuno quitarle esa idea. Se resistía a creerme.

Teresa.—¿Qué dirás de mí si te digo que yo misma me resisto a creer que Hipólito no es hijo mío? No puedo tener otra imagen de él que la de su infancia. Si Hipólito hubiera permanecido aquí, con su padre, conmigo, habría llegado a quererme como a su propia madre.

El ama.—Pero eso no fue posible, Teresa. ¿Qué podías hacer frente a la rebeldía pasiva de ese niño que nunca te pudo mirar sino como a una intrusa?

Teresa.—Ponte un momento en su caso, si puedes. Tenía toda la razón. ¡Cómo sustituir a una madre muerta! Y menos aún con la mujer que viene a quitarle parte del cariño que su padre, viudo, le habría dado por entero!

El ama.—A los quince años se tiene un alma informe, tortuosa, complicada. No sabemos adónde habría ido a parar Hipólito si hubiera seguido alimentando, en esta casa, una enemistad recóndita hacia ti.

Teresa.—Se habría curado. Lo habría desarmado suavemente, hasta hacerle ver que yo no era su enemiga.

El ama.—No lo creo.

Teresa.—Tú seguiste paso a paso, desde fuera, la infancia de Hipólito. Pero no la viviste como yo. Su padre me hacía ver a Hipólito como el hijo que no habíamos tenido. En un principio, yo me negaba a abrazarlo, a besarlo. Pero su padre insistía, y sus ojos se humedecían de dicha o de pena según yo aceptaba o rechazaba a Hipólito. Y cuando lo aceptaba era por su padre solamente, ¿sabes?, por él... Porque, en el fondo, odiaba yo a ese niño ajeno y extraño, que no era carne de mi carne ni goce de mi dolor y de mi goce. Pero su padre me lo fue acercando sin quererlo, sin saberlo, más que a mi corazón, a mis sentidos. Me hacía ver la belleza creciente de Hipólito; me hacía mirarme en sus ojos, comparar la tersura de su piel con la mía, y tocar sus cabellos de cobre que eran, decía, ardientes como los míos. Y así llegué a quererlo...

EL AMA.—Y no obstante, cuando su padre decidió enviarlo a estudiar a España, no te opusiste.

TERESA.—La idea de mandarlo fuera de México fue mía. Se lo pedí yo misma. Eso no quiere decir que no sufrí con su partida tanto o casi tanto como sufrí con su presencia en esta casa. ¡Si pudieran contarse las veces y el modo como llegué a soñarlo! ¡Me quería en los sueños! Y la verdad es que ni allá lejos estuvo ausente para mí: lo encontraba en los ojos de su padre, en sus gestos, en el timbre de su voz y en la duración de sus silencios. ¡En todo!

EL AMA.—Algún mal fondo debe de tener Hipólito...

TERESA.—No digas eso.

EL AMA.—Déjame terminar: algún mal fondo debe de tener puesto que, en los doce años que ha vivido fuera de aquí, no tuvo la nobleza de escribirte una carta, de enviarte un retrato suyo.

TERESA.—En las cartas que escribió a su padre, siempre hubo saludos para mí.

EL AMA.—Sí, saludos fríos, corteses, para no disgustar al padre, acaso inspirados por él mismo.

TERESA.—Es verdad, es verdad. Tienes razón, pero yo tengo esperanza. ¿Tú no la tienes?

EL AMA.—Esperanza ¿de qué?

TERESA.—De que ahora llegue a sentirse hijo mío, como yo quiero, como yo lo siento.

EL AMA.—No se da a luz un hijo de veinticinco años. Y menos aún, en el caso de Hipólito, se adopta, a esa edad, como madre, a una mujer tan joven como tú.

TERESA.—Ya no soy una joven. Y cuando pienso en él...

EL AMA.—¿Te sientes vieja?

TERESA.—No sé si sentirse madre es lo mismo que sentirse vieja.

EL AMA.—Vamos, Teresa: no caviles. (*Riendo.*) Sobre eso yo puedo decirte que me siento vieja y que nunca... (*Se interrumpe al ver que Teresa no la escucha. Luego, en un tono indiferente.*) ¿Le hablaste a Julia?

TERESA.—Sí, y le dije que no dejara de traer a Alicia. También le hablé a Ernesto, pensando que tanto Hipólito como yo nos sentiríamos menos a disgusto a la hora del encuentro, rodeados de sus parientes.

EL AMA.—Creo que Hipólito se sentirá más a gusto que tú.

TERESA.—(*Consulta la hora. Se estremece ligeramente. Luego*

106

frotándose los brazos desnudos.) Siento frío. Voy a abrigarme un poco.

(*Se dirige hacia la puerta de la derecha. Se oye el timbre de la puerta de entrada. Teresa se sobresalta. El ama, al oír el timbre, sale por el vestíbulo. Se ve a don Ernesto entregar su abrigo y su sombrero al ama. Es un hombre de unos cuarenta y cinco a cincuenta años. Erguido, viviente aún; perfectamente vestido. Desde el vestíbulo se le oye preguntar al ama.*)

Ernesto, el ama, Teresa

ERNESTO.—¿No ha llegado Hipólito?

EL AMA.—Todavía no.

ERNESTO.—Es extraño. (*Teresa se devuelve y Ernesto y ella se encuentran en el centro de la sala. Se dan la mano.*) Fui a la estación y no llegó o lo perdí entre la gente. Pero más bien creo que no llegó en este tren.

TERESA.—De veras es extraño. (*Dice esto cavilando. Luego.*) ¿Le habrá sucedido algo?

ERNESTO.—No hay por qué pensar en ello, Teresa. El tren llegó a la hora exacta. (*Afectuoso.*) Veo que sigues pensando en Hipólito como se piensa en un niño a quien es preciso cuidar en todos los momentos. Temo que esté tan grande, tan cambiado...

TERESA.—...que no lo vayamos a reconocer.

ERNESTO.—No quiero decir tanto. Es posible que haya cambiado en algo su modo de ser, pero desde entonces Hipólito estaba casi formado físicamente: desde luego, creo que su cara no ha cambiado.

TERESA.—Es verdad. Pero ¿crees, de veras, que haya cambiado de carácter?

ERNESTO.—No sé si lo creo porque así lo deseo. No me gustó jamás esa reserva constante de Hipólito, esa madurez anticipada, impropia de un niño. Por lo menos, espero que la vida entre jóvenes alegres y expresivos haya influido en su carácter favorablemente.

TERESA.—¡Dios lo haya querido!

(*Ernesto se acerca a Teresa. Le toca el hombro con la mano, afectuosamente.*)

ERNESTO.—Vamos, Teresa, muy pronto saldremos de dudas...
si no es que tenemos que aplazar la espera hasta el tren de
mañana.

*(Se oye de nuevo el timbre de la puerta de entrada. Se ve a
la criada atravesar rápidamente la sala y dirigirse al vestíbulo.
Teresa se pone en pie al oír el timbre y se vuelve de frente al
vestíbulo, tensa, erguida. Ernesto da unos pasos hacia el vestíbulo. Se vuelve, en el momento en que se ve a la tía Julia: cincuenta años, flaca, apergaminada, vestida de un color verdinegro;
lleva un bolso de mano que no abandona nunca y que oprime
como si tuviera miedo de que alguien se lo pudiera arrebatar.)*

ERNESTO.—No es Hipólito. Es mi hermana Julia. La vi venir
a pie en esta dirección, rápidamente, pero no quise subirla en el
automóvil. Quise que, puesto que no quiere gastar en automóvil,
gastara al menos los zapatos.

*(Al ver entrar a Julia en la sala, Teresa se sienta, sin ocultar
su decepción y sin prestar atención a la recién llegada que, al
entrar, oye la última frase de Ernesto.)*

ESCENA V

Teresa, Ernesto, Julia

JULIA.—¿Qué murmuras?
ERNESTO.—Murmurar... nada.
JULIA.—¿Cuándo se te quitará esa mala costumbre?
ERNESTO.—Nunca te he preguntado cuándo te curas de las
tuyas.
JULIA.—Aún es tiempo. Puedes preguntarme.
ERNESTO.—Es inútil: estoy seguro de que son incurables.
JULIA.—(A *Teresa.*) ¿No han llegado?
TERESA.—Ya lo ves.
ERNESTO.—¿Te refieres a Alicia o a Hipólito?
JULIA.—A los dos.
TERESA.—¿Cómo a los dos?
JULIA.—Sí, a los dos.
ERNESTO.—Fui a esperar a Hipólito a la estación y no lo vi
bajar o no llegó en este tren.
JULIA.—Ya deberían estar aquí, Alicia e Hipólito.

TERESA.—(*Que teme no haber comprendido bien.*) ¿Qué quieres decir? ¿Alicia e Hipólito juntos?

ERNESTO.—¿Tienes la bondad de explicarnos?

JULIA.—Quiero decir que mi hija fue a esperar a Hipólito a la estación de la Villa, y que ya es hora de que estuvieran aquí.

TERESA.—(*Que va a decir algo: lo que piensa de este ardid de Julia y su hija; se contiene, y buscando apoyo en la mirada de Ernesto, dice solamente.*) Tienes razón, ya es hora de que estuvieran aquí.

ERNESTO.—¿Te parece bien haberme hecho ir a la estación inúltimente? Bien podías haberme avisado que, de acuerdo con tu hija, iban a secuestrar a Hipólito una estación antes.

JULIA.—Yo sabía que Teresa no iría a la estación. Me parece que no hay nada malo en que Alicia fuera a recibir a su primo. Ni por un momento pensé que fueras a esperarlo. ¿De dónde te ha salido ese cariño por Hipólito? ¡Tú, tan desamorado!

ERNESTO.—Eso mismo podría preguntarte, preguntarles a ti y a Alicia.

JULIA.—Tal vez tengas razón por lo que a mí toca... En cuanto a Alicia, recuerda que es su compañera de infancia y que... durante todo el tiempo que Hipólito pasó en Europa, no han dejado de escribirse.

ERNESTO.—¡No lo sabía!

TERESA.—No lo sabía yo tampoco.

(*Pausa. Julia, con la más pérfida apariencia de humildad, rompe la pausa, diciendo.*)

JULIA.—¿Hay también algo malo en que Alicia e Hipólito hayan sostenido correspondencia?

TERESA.—(*Deteniendo con un ademán a Ernesto que va a responder.*) Por el contrario, para Hipólito debe de haber sido un consuelo.

JULIA.—Es curioso, Teresa, pero eso mismo le decía Hipólito a Alicia en casi todas sus cartas.

ERNESTO.—¡Qué monotonía!

TERESA.—¿Qué dices, Julia?

JULIA.—Que las cartas de Alicia le llevaban a Hipólito —déjame recordar— algo como una caricia de consuelo.

ERNESTO.—Por lo visto, no sólo las leías sino que las aprendiste de memoria.

Julia.—No, pero hay cosas que, aunque uno no quiera, se recuerdan siempre.

Teresa.—Tienes razón. ¡El recuerdo! No hay puñal, no hay veneno, no hay poder humano capaz de matarlo.

Ernesto.—No es lo mismo en el caso de ella, Teresa. Si a ti el recuerdo te hiere, Julia recuerda sólo para herir a los demás.

Julia.—¿Qué quieres decir? ¡No sé cómo te atreves...!

Ernesto.—No te alteres, Julia. No se te olvide que te conozco como a mí mismo y que, aunque en ocasiones cueste trabajo confesarlo, somos hermanos.

Teresa.—Por favor, Ernesto.

Ernesto.—(*Sin escuchar a Teresa.*) Veo en el fondo de tu ser todos tus pensamientos y hasta las frases que estás preparando para dejarlas salir en un momento dado. Me avergonzaría de ti, ahora, si no estuviera convencido de que no logro ni mejorarte ni disculparte sino, por el contrario...

Teresa.—(*Con energía.*) No sigas, Ernesto.

Julia.—¿Vas a darme consejos y reglas de conducta, tú el más...?

Ernesto.—...el más envenenado, el demonio de la familia. Ya me sé la lección de memoria. Puede ser, querida hermana, que lo sea. Pero no se es verdaderamente endemoniado sino cuando se busca el mal de quien no lo merece. Y te aseguro que en esos refinamientos eres inimitable.

Julia.—¿Lo oyes, Teresa?

Teresa.—Sí, sí lo oigo. Y me parece que han escogido un mal lugar y un mal momento para...

Ernesto.—Es verdad, Teresa. Dispénsame, dispénsanos.

Julia.—No creo haber cometido falta. Parece que se te olvida que, de cualquier modo, Teresa es de la familia.

Ernesto.—No de cualquier modo sino legítimamente por lo que toca al que fue su esposo, y desdichadamente por lo que a ti... y a mí se refiere.

Julia.—¿Qué quieres decir con eso?

Ernesto.—Nada más de lo que en este momento estás pensando.

(*En ese instante, por la puerta de la derecha entra el ama con un chal en las manos. Al verla, Teresa se pone en pie. El ama coloca el chal sobre los hombros de Teresa. Mientras, entre dientes.*)

JULIA.—¡Ya me imaginaba que con ese vestido estarías sintiendo frío!

(*El ama y Teresa se miran: aquélla mueve la cabeza en señal de disgusto y se retira al fondo. Al recibir el chal, Teresa se apacigua. Se sienta lentamente y acaricia el terciopelo del sofá, silenciosamente. Pausa. Se oye el timbre de la entrada. Todos se ponen en pie menos Teresa que, inclinada, deja de acariciar el paño del mueble. El ama sale rápidamente al vestíbulo. Julia y Ernesto salen tras ella. Se oye la voz de Hipólito que hace que Teresa se ponga en pie, frente a la entrada del vestíbulo, de espaldas al público.*)

ESCENA VI

El ama, Teresa, Ernesto, Julia, Hipólito, Alicia

LA VOZ DE HIPÓLITO.—¿Dónde está la señora?
JULIA.—¡Qué grande estás, Hipólito!
HIPÓLITO.—¡Tía Julia!
ERNESTO.—Dame un abrazo, muchacho.
HIPÓLITO.—¡Ernesto! ¡Tío Ernesto! ¡Abrázame tú, María!, ¿por qué te quedas atrás?
JULIA.—¡El hijo pródigo que vuelve al hogar!
ERNESTO.—¡Menos mal que no le dices la oveja descarriada!
EL AMA.—Hipólito, pasa, pasa, por aquí está Teresa.

(*Pasadas las efusiones del recién llegado, se ve a Hipólito adelantarse hacia el salón. Va a entrar, pero algo lo detiene súbitamente, un instante. Se comprende que experimenta una sensación semejante a la que tuvo Teresa al entrar en el salón, sólo que agravada por tantos años de ausencia. Teresa, de espaldas al público, está inmóvil como una estatua cenicienta, frente a Hipólito que, haciendo un esfuerzo visible, rompe en un segundo el mundo de recuerdos que se acumuló en su mente, y se dirige, sonriendo, a Teresa. Los demás se quedarán en el umbral, atentos al encuentro, y sólo entrarán cuando en el centro del salón Teresa e Hipólito se hayan abrazado. El ama, después de asistir al encuentro de Teresa e Hipólito, sale por la puerta de la derecha. Hipólito tiene veinticinco años. Viste de negro. Alicia tiene veintitrés años. Es bella y atractiva. Viste de luto, también. Aparecerá visiblemente pasiva, reservada y como deseosa de apartarse de los demás.*)

111

HIPÓLITO.—¡Aquí me tienes, Teresa!

(Y *la abraza como se abraza a una amiga. El chal de Teresa cae al suelo.*)

TERESA.—Hipólito. ¡Hijo mío!

(*Hipólito se aleja para contemplarla, sin soltar la mano de Teresa. Esta comprende que no es un abrazo filial el que ha recibido y con una voz grave que puede parecer un reproche, cuando no es sino un resentimiento.*)

¡Hipólito!
HIPÓLITO.—Me parece extraordinario.
TERESA.—¿Qué cosa?
HIPÓLITO.—¡Eres la misma! ¡La misma que dejé! ¿Verdad que no ha pasado un día por ella?
TERESA.—No digas eso, Hipólito. No me creerás si te digo que me duele oírte decir eso. (*Toma su chal y se lo pone.*)
HIPÓLITO.—¡Pero si no es más que la verdad!
ALICIA.—(*Acercándose, y saludando a Teresa.*) Tiene razón Hipólito. No cambias nada.
JULIA.—(*Acercándose.*) ¿Y no te parece, Teresa, que Hipólito se ha convertido en el vivo retrato de su padre?
ERNESTO.—Ésa es una frase hecha, querida hermana.
JULIA.—¿Quieres decir que a ti no te parece?
ERNESTO.—No quiero decir eso, pero creo que, como de costumbre, exageras, con algún propósito.
JULIA.—(*Pérfida.*) Claro que también tiene mucho parecido a su madre.

(*Al oír esto, lentamente Teresa se sienta y se arrebuja en su chal, como si tuviera frío. Una pausa incómoda. Hipólito vuelve los ojos en torno suyo, empieza a observar el salón.*)

HIPÓLITO.—Esto no ha cambiado nada.
TERESA.—(*Con voz apagada.*) Nada. Es lo único que no ha cambiado nada.
HIPÓLITO.—Es verdad. Los muebles son los mismos y...
TERESA.—Ni siquiera han sido movidos de su sitio. Todo está aquí como lo dejaste. Cuando tu padre quiso renovarlo, como lo hizo con todo, yo me opuse.
HIPÓLITO.—¿Tú?

112

Teresa.—Yo, sí, ¿te sorprende? Un día le llegó a tu padre la idea de modernizarlo todo. Decía que por complacerme, pero no era sino para darse gusto. Yo lo dejé poner la mano en todo menos en este salón. Algo me decía que no te gustaría encontrar esta casa enteramente cambiada, a tu regreso, si algún día regresabas. Me pareció que este cuarto, donde pasaste tantas horas estudiando, leyendo o simplemente acompañando a tu padre, debía preservarse así.

Hipólito.—Tuviste razón, el sitio es algo sombrío y hasta un poco...

Teresa.—Sí, dilo: triste.

Hipólito.—Pero representa toda mi infancia. Y creo que nunca podría estar mejor que como es, que como está.

Ernesto.—Es verdad, Hipólito. En la vida se llega, a veces un poco tarde, pero se llega a la conclusión de que las cosas —y también las personas— están mejor como son que como un día quisimos que fueran.

Julia.—¡Qué! ¿Estás volviéndote un resignado?

Ernesto.—No me comprendes. A la fealdad de las cosas y a la maldad de las personas no se resigna uno jamás, pero ¡cómo dejar de pensar lo peligroso que sería reformarlas, modernizarlas!

Julia.—Tienes razón: no te comprendo.

Ernesto.—Me comprenderías si te dijera que nada me parecería más peligroso que pretender reformarte, modernizarte a ti. Sería darte armas nuevas para perfeccionar tu maldad antigua.

Julia.—Eres insoportable.

Ernesto.—No soy más que tu hermano menor.

Julia.—¿Lo oyes, Hipólito?

Hipólito.—(Riendo.) Tampoco ustedes han cambiado, sólo que lo que hace años me asustaba, ahora...

Julia.—¿Te divierte, no es verdad?

Ernesto.—No seas optimista, Julia, le aburre.

Hipólito.—(Ríe y luego, tomando del brazo a Alicia.) Alicia no es la misma que dejé. Está hecha una mujer. Nada, ni tus retratos me hacían pensar en ti como en una persona mayor. Sólo en algunas cartas me dabas miedo, hablabas tan seriamente.

Julia.—(Interrumpiendo.) Pero, en todo caso, sus cartas...

Ernesto.—(Interrumpiendo, adelantándose a lo que va a decir Julia.) "Te llevaban algo así como una caricia de consuelo." (Hipólito mira a Ernesto, luego a Alicia, luego a Julia que ha bajado la cabeza, confundida, y que estruja nerviosamente su bolso.) No te

113

asombres, Hipólito. Julia, que sabe tus cartas de memoria, nos ha recitado algunos fragmentos.

TERESA.—¿Quieren, por favor, hablar de otra cosa? ¿Por qué no pasas a ver tu recámara, Hipólito? Me gustaría que me dijeras si te hace falta algo, si me he olvidado de alguna cosa.

HIPÓLITO.—No lo creo, Teresa. Sé que siempre estás en todo. Y, por lo demás, me he acostumbrado a vivir tan sencillamente, a hacer tantas cosas con mis propias manos que, mientras me habitúo, creo que más bien me van a sobrar que a faltar las comodidades.

JULIA.—Este muchacho está desconocido.

HIPÓLITO.—Pero aquí, en este sitio, con esta luz apagada, ¿no sienten ustedes, como yo empiezo a sentir, deseos de no hacer nada? Temo que voy a empezar a disolverme, agradablemente, aquí en este clima en que el sueño acaba por aniquilar la acción.

JULIA.—¿Qué dices, Hipólito?

HIPÓLITO.—Fuera de México se aprende a mirar cara a cara la vida. Aquí, en la blancura del hogar, en la presencia de las cosas y al oír las voces familiares que avivan el recuerdo, aun de aquello que creíamos olvidado, tengo miedo de volver a ser el muchacho huraño, silencioso, inactivo, que fui ayer.

TERESA.—¡Por Dios, Hipólito!

ERNESTO.—Tiene razón Teresa. No es tiempo de hablar de cosas que, por lo demás, no tienen por qué suceder. ¿Quieres que vaya contigo a ver tu recámara?

JULIA.—Sí, es una buena idea. Nosotros nos vamos, o, si tú quieres, puedes quedarte un momento, Alicia. ¿Hipólito vendrá a comer con nosotras, verdad?

ALICIA.—Se me había olvidado decirle.

JULIA.—Nunca es tarde, Alicia. ¿Qué dices, Hipólito?

HIPÓLITO.—Preferiría...

ERNESTO.—Descansar unas horas. Comer aquí, en su casa.

JULIA.—Comprendo, Hipólito. Además, Teresa y tú tendrán muchas cosas de que hablar, seguramente.

TERESA.—Hipólito y yo tendremos todos los días y todas las horas para hablar de esas muchas cosas.

JULIA.—Entonces... si no te sientes cansado...

ALICIA.—¿Por qué no vienes con nosotras? Iremos a dar una vuelta antes de comer. Ya no reconocerás la ciudad.

HIPÓLITO.—La verdad es que...

TERESA.—Anda con ellas, Hipólito. Ya he dicho que tendremos tiempo de sobra para hablar, para estar juntos.

114

JULIA.—¿Oyes, Hipólito, lo que dice Teresa?

ERNESTO.—Estas despedidas familiares son más largas y más tediosas que las visitas. Adiós, Teresa. Hasta muy pronto.

JULIA.—(*Aprovechando la ocasión.*) Me iré contigo, Ernesto. Tengo urgencia de llegar a. . .

ERNESTO.—(*Saliendo por el vestíbulo.*) Sólo que llevo rumbo opuesto.

JULIA.—Pero si no te he dicho adónde tengo urgencia de llegar.

ERNESTO.—Cualquiera que sea el lugar a donde vayas, llevo el rumbo opuesto.

JULIA.—(*Detrás de Ernesto.*) No me despido, Teresa. Hasta luego.

(*Sale Julia. Alicia, Teresa e Hipólito quedan en suspenso unos instantes.*)

ESCENA VII

Teresa, Alicia, Hipólito

TERESA.—(*Se da cuenta y para romper el hielo.*) ¿Por qué no te sientas, Alicia?

ALICIA.—Gracias. Debo irme ahora mismo. Adiós, Teresa.

(*Se despide rápidamente de Teresa y sale sin despedirse de Hipólito que se queda desconcertado. Teresa lo mira y luego sonriendo con amargura.*)

ESCENA VIII

Teresa, Hipólito

TERESA.—¿Por qué no te vas con ella? Ya ves que no se ha despedido de ti, porque está segura de que la acompañarás, cuando menos así lo espera.

(*Hipólito no responde. Se oye la voz de Alicia en el vestíbulo.*)

LA VOZ DE ALICIA.—¡Hipólito!

(*Hipólito vuelve lentamente la cabeza hacia el vestíbulo. Mira en seguida a Teresa. Teresa, haciendo un esfuerzo, le tiende la mano, irguiéndose. El movimiento hace que el chal resbale de los hombros de Teresa hasta el suelo. Toda la belleza, toda la au-*)

115

dacia, toda la madurez vital de Teresa resplandece en ese momen-
to. Hipólito la contempla atónito. Se oye la voz de Alicia lla-
mando a Hipólito con decisión.)

¡Hipólito! ¿No vienes?

(Hipólito no responde. Pausa.)

Teresa.—*(Con una voz que ordena.)* Anda con ella.

(Hipólito, sin atreverse a mirar a Teresa, sale aturdido. Teresa,
sin perder de vista la salida, recoge lentamente el chal y se lo
pone otra vez. Lentamente se sienta en el sofá; se encoge, se em-
pequeñece. Por la puerta de la derecha aparece el ama; desde el
umbral mira a Teresa, luego pregunta.)

ESCENA IX

El ama, Teresa

El ama.—¿Qué? ¡Es posible! ¿Se ha ido?
Teresa.—*(Con una voz que es, apenas, un soplo, mientras*
acaricia lentamente el paño del mueble.) ¡Estoy sola! ¡Estoy sola
otra vez!

TELÓN

ACTO SEGUNDO

La misma decoración del primer acto, tres meses más tarde. Más
luz y más vida en el salón. Un ramo de flores en el lugar en que
debió estar en el primer acto si Teresa no lo hubiera mandado
quitar. Hipólito, vestido de luto, se muestra alegre y comunica-
tivo, en un principio. Habla con Ernesto —vestido de gris— que
se halla sentado en primer término, frente a una mesa con servi-
cio de café. Es de noche.

ESCENA I

Hipólito, Ernesto

Ernesto.—*(Al mismo tiempo que Hipólito le sirve el azúcar.)*
Gracias, eso es todo.

116

HIPÓLITO.—Pero ¿no me crees? Acabo de convencerla, además, de que debe quitarse el luto. El luto ensombrece no sólo el cuerpo sino el ánimo. "Yo te seguiré muy pronto —le dije—, dame el ejemplo."

ERNESTO.—¿Dices que no te ha costado mucho trabajo convencerla?

HIPÓLITO.—Por el contrario, tuve que emplear toda suerte de razonamientos. Ninguno le parecía suficiente.

ERNESTO.—Pero ¿de veras se ha dejado convencer? ¿Hablas en serio?

HIPÓLITO.—(*Sonriendo.*) Debo de haber sido, en los años que pasé en esta casa, una especie de novicio austero y hermético. También Teresa me preguntaba: "¿Hablas en serio?" ¡Como si no se pudiera hablar en serio con la sonrisa en los labios, alegremente!

ERNESTO.—Teresa tenía miedo de que regresaras... como te fuiste, huraño y silencioso. Se resiste a creer que hayas podido cambiar... tan favorablemente.

HIPÓLITO.—(*Sin ocultar su alegría.*) ¿Crees que en el fondo le dé gusto que no tome ahora las cosas por el lado trágico?

ERNESTO.—(*Con una voz sin expresión.*) No lo creo: estoy seguro.

(*Pausa en que se ve dudar a Hipólito sobre si va a decir o no algo que piensa.*)

HIPÓLITO.—Hay algo que quisiera preguntarte, pero no me atrevo.

ERNESTO.—¿Por qué?

HIPÓLITO.—Porque ahora comprendo que tú tampoco debes de guardar un buen recuerdo mío.

ERNESTO.—Lo dices porque... (*Se detiene.*)

HIPÓLITO.—Sí, porque entonces me parecía que te habías puesto de parte de ella, de Teresa, en contra mía.

ERNESTO.—Tienes razón, yo estaba de su parte, pero no en contra tuya. ¿Qué culpa tenía Teresa de que tu padre se hubiera enamorado de ella, de que la hubiera hecho su esposa?

HIPÓLITO.—Con eso disculpas a mi padre, pero ¿y ella?, ¿por qué aceptó casarse con mi padre, mucho mayor que ella y...

ERNESTO.—Veo que, a pesar de que afirmas lo contrario, sigues cavilando todavía.

HIPÓLITO.—(*Hallando en sus propias palabras un incentivo*

117

para seguir una indagación que sin duda lo hace sufrir.) ¿Vas a decirme que Teresa se casó con mi padre por amor?

ERNESTO.—¿Por qué, entonces? ¿Por su dinero? Bien sabes que no fue por eso. ¿Por su nombre? ¿Por su posición? No es la vanidad el defecto de Teresa, ni nuestro nombre ha sido nunca algo extraordinario. No me asombra que no comprendas. Se necesita llegar a cierta edad para comprender muchas cosas, entre otras que, dentro de ciertos límites, la edad en el amor no cuenta. Además, si había diferencia de edades, no era porque tu padre fuera un viejo sino porque Teresa era demasiado joven.

HIPÓLITO.—Tú los has dicho: "demasiado" joven, para quererlo.

ERNESTO.—En esto te equivocas. Teresa surgía, entonces, a la vida, quería abrazarla con brazos jóvenes, asirla con manos ágiles. Tu padre representaba, para ella, el equilibrio, la razón que a ella le faltaba...

HIPÓLITO.—Eso es, la razón que a ella le faltaba.

ERNESTO—...entonces, pero que ahora le sobra. Pero si eres de veras sincero contigo mismo, tendrás que confesar que no era la falta de amor de Teresa a tu padre lo·que te hizo resolverte en contra de ella y quererla mal sino precisamente lo contrario; esa locura de amor que tú no comprendías y que, por lo visto, no comprendes aún.

HIPÓLITO.—¡Quisiera comprenderla!

ERNESTO.—No es tiempo todavía. *(Después de un último sorbo de café, dejando la taza.)* ¿Sabes cuál es la diferencia entre la juventud y la vejez? En la juventud se siente lo que aún no se comprende, en la vejez se comprende lo que ya no se siente.

HIPÓLITO.—Ésa no es más que la frase de un desencantado, de un cínico.

ERNESTO.—Y, no obstante, el desencantado, el cínico te dice, para consolarte, que también existe un punto en la vida del hombre en que sentir y comprender no son sino una sola sustancia: en que la razón y la pasión se confunden prodigiosamente, sólo que...

HIPÓLITO.—Termina.

ERNESTO.—Sólo que ese punto perfecto, esa madurez exquisita no puede durar, no dura. Piensa que nunca es más cautivador un ser que en ese momento pleno en que, precisamente, se hallaba tu padre cuando Teresa lo conoció.

HIPÓLITO.—¡Vas a decir que Teresa se sintió cautivada por mi padre, y no lo contrario!

ERNESTO.—Precisamente.

HIPÓLITO.—¡Imposible! ¡Toda tu habilidad es insuficiente para hacérmelo creer. Teresa...

ERNESTO.—(*Interrumpiéndolo, con voz en que la pasión no se oculta.*) ¡Qué sabes tú de ella! No la conoces. Te has hecho de Teresa una imagen falsa, la imagen de una mujer calculadora, fría, y por si fuera poco, fuerte. Ni una ni otra cosa. La fuerza de Teresa no estuvo entonces, como no está ahora, dentro de ella. La fuerza que parecía tener —la que tenía— le llegaba de fuera, se la daba tu padre, o, mejor dicho, ella la tomaba de él. Teresa es como la hiedra: vive de lo que toca, de lo que abraza. Tu padre me lo decía con otras palabras: "Siento que soy yo quien da vida, calor y fuego a esta criatura." Conozco a seres como Teresa, y te confieso que no sólo hay un placer inmenso en dejar que se apoyen en nosotros sino también en el desfallecimiento que sigue a esa transfusión de sangre, de savia, en que se resuelve para nosotros su contacto. Basta que sientas una de sus manos apoyarse en la tuya o asirla, para sentir que se establece esa misteriosa transfusión. Hay seres enraizados fuertemente a la tierra; tu padre era uno de ellos: sólido como un árbol, como un muro...

HIPÓLITO.—(*Repitiendo, involuntariamente.*) Como un árbol, sí, como un muro.

ERNESTO.—Teresa es todo lo contrario; para no caer, para no doblegarse, necesita asirse de algo. Sus raíces están en el aire: sus manos son raíces.

HIPÓLITO.—Son garfios.

ERNESTO.—Sí, son garfios. Pero no en el sentido en que lo piensas ahora, en este momento en que renace tu alma oscura de niño que odia oscuramente, que condena sin oír, sin juzgar. ¡Y yo que creía...! (*Se detiene.*)

HIPÓLITO.—¿Qué cosa?

ERNESTO.—Que en estos tres meses en que has convivido con ella con más naturalidad, con más intimidad de lo que Teresa y yo y tú mismo esperábamos, habrían sido bastante para borrar todo ese injusto pasado de odio del que, por lo demás, nadie ni la misma Teresa te ha hecho responsable jamás, precisamente porque entonces no eras más que un niño.

HIPÓLITO.—Pero ahora.

ERNESTO.—No es tiempo aún de hacerte responsable porque en contra de lo que yo pude pensar en un momento, en contra de lo que tú mismo crees, sigues siendo un niño. Te he observado durante estos tres meses. He visto cómo Teresa ha ido ganando insensiblemente tu afecto. Pero, al mismo tiempo, la curación parecía tan rápida que ya veía yo acercarse el momento de la recaída.

Hipólito.—(*Después de una breve pausa, con humildad.*) ¿Me creerás si te confieso una cosa?

Ernesto.—Dila.

Hipólito.—Que en los tres meses que llevo aquí, en esta casa, al lado de Teresa, no había vuelto a pensar en ella como antes pensaba y que hasta estos momentos, al hablar contigo, no sé por qué, me he sentido impulsado ya no espontáneamente sino como si mi conciencia de niño me lo exigiera, como si mi niñez me echara en cara que la estoy traicionando, a hablar de Teresa injustamente.

Ernesto.—Creo todo lo que me dices. Lo creo y lo comprendo. De otra manera. ¿cómo se explicaría tu actitud de hace un momento con relación a tres meses de intimidad, de camaradería, de alegría fraternal que has vivido junto a Teresa, que has hecho vivir a Teresa?

Hipólito.—Pero: ¿he sido yo?

Ernesto.—¿Quién ha hecho renacer a Teresa? Y nadie más que tú.

Hipólito.—Pero si yo no me lo he propuesto.

Ernesto.—(*Con una voz que tiembla.*) Pero tendrás que convenir en que lo has logrado.

Hipólito.—Lo dices como si lo lamentaras.

Ernesto.—¿Por qué habría de lamentarlo?

Hipólito.—Hay algo de malo en ello?

Ernesto.—¿Malo, por qué? ¿Para quién?

Hipólito.—Para Teresa, para mí.

Ernesto.—Ni para Teresa ni para ti.

Hipólito.—¿En quién piensas al decir que ni para Teresa ni para mí?

Ernesto.—Nunca hacemos el bien sin producir inevitablemente el mal en torno nuestro.

Hipólito.—No te comprendo.

Ernesto.—Nuestras vidas están siempre en equilibrio inestable. El bien y el mal son las pesas de la balanza. Un día decidimos —o alguien decide por nosotros— no seguir haciendo el mal que hacíamos a una persona. Pero no por eso desaparece el mal. El mal sigue siendo el mismo, sólo que ahora se ejerce en otra dirección, recae en otra persona que en la mayoría de los casos es inocente.

120

Hipólito.—¡No querrás decir que ahora que he dejado de querer mal a Teresa, voy a hacer un daño semejante a otra persona!

Ernesto.—No quería decirlo, pero ya lo he dicho.

Hipólito.—¿Piensas en alguien concretamente?

Ernesto.—A mi edad ya no se piensan las cosas como tú las piensas aún, concretamente, personificádolas. He dicho que para mantener el equilibrio de la humanidad, el mal que quitas de un lado de la balanza tiene que reaparecer necesariamente en otro. La víctima en este caso puede ser un desconocido, ajeno a todo lo que a ti te acontece; puedo ser yo, puedes ser tú mismo, en fin... cualquiera.

Hipólito.—¡Pero esto es horrible!

Ernesto.—Horrible, si tú quieres, si tú te empeñas en pensar en ello, pero más que horrible es necesario y, sobre todo, inevitable. Querer hacer el bien y solamente el bien equivaldría a salir a la calle un día de sol y pretender que nuestro cuerpo no haga sombra.

Hipólito.—Creo que tienes razón.

Ernesto.—(*Tristemente.*) Creo, querido Hipólito, que no me queda más que la razón.

(*Al principio del último parlamento de Ernesto, aparecerá Teresa, por la puerta de la derecha. Se detiene al oírlo y contestará vivamente. Se ha quitado el luto; está radiante y viva como nunca antes. Al oírla, Hipólito se vuelve y queda suspenso, mirándola. Ernesto se pone lentamente en pie.*)

ESCENA II

Ernesto, Hipólito, Teresa

Teresa.—En cambio, creo que yo he perdido hasta la razón. Mírame, Ernesto. ¿No te sorprendes?

Ernesto.—No, Teresa. ¿Por qué habría de sorprenderme?

Teresa.—¿O es que Hipólito te lo había dicho ya?

Ernesto.—(*Cordialmente, sonriendo.*) Aun en el caso de que no me lo hubiera dicho, no me habría sorprendido.

Teresa.—(*Sin comprender.*) ¿Qué quieres decir?

Ernesto.—Se sorprende el que no es capaz de comprender. Hace tiempo deseaba yo que dejaras la ropa de luto. Desde hace unos días sabía yo que la dejarías de un momento a otro. Mi sorpresa está solamente en que haya sido hoy y no ayer o mañana el día en que aparecerías así, tan naturalmente vestida de color.

Teresa.—Pero ¿no te extraña, no te disgusta?

(*Dice esto acariciando a Ernesto afectuosamente. Hipólito se vuelve de espaldas.*)

Ernesto.—Ni una cosa ni otra; por el contrario, me encanta y me tranquiliza.

Teresa.—¿Quieres decir que el luto no me sentaba?

Ernesto.—(*Sonriendo.*) Temo que si te digo que no, voy a cometer una falta de galantería.

Teresa.—(*Volviéndose de pronto hacia Hipólito.*) ¡Y tú no me dices nada! Tú, que ya lo sabías, has resultado el único sorprendido.

Hipólito.—(*Volviéndose a medias; con involuntaria rudeza.*) ¡Y lo estoy!

Teresa.—(*Se le acerca y lo acaricia maternalmente.*) Pero no así, de ese modo seco y frío. ¿No ha sido por ti y a instancias tuyas? ¿Me quisieras ver otra vez, desconfiada, muda, temerosa de tus juicios, disminuida, sombría? ¿Verdad que no?

Hipólito.—Claro está que no.

Ernesto.—Claro está que no.

Teresa.—(*Riendo.*) ¡Ya lo ves! Ha sido una respuesta unánime. (*Luego, seriamente.*) Todos estos días he vuelto a sentirme gradualmente viva, aun dentro de la corteza de esos trajes negros que acabo de dejar y que no quisiera volver a usar jamás. Día a día, de lo más profundo de mi ser donde llegué a sentirlos adheridos, habían ido pasando a la superficie, y ahora, al quitármelos, sentí como si arrojara fuera de mí la última de todas las sombras. (*Pausa breve. Se vuelve hacia Hipólito.*) ¿No querrías ahora...?

Hipólito.—(*Con fervor.*) Ahora no quiero sino tu alegría.

Teresa.—¿De veras, Hipólito? ¿Crees, Ernesto, que Hipólito sea sincero en este momento? ¿Crees que piensa y siente lo que acaba de decir?

Ernesto.—(*Fríamente.*) Creo que te ha dicho lo que siente.

Hipólito.—(*Con odio involuntario.*) Pero no lo que pienso, ¿verdad? ¿Por qué de una vez no le dices a Teresa, palabra por palabra, lo que pensaba, lo que te decía hace un momento?

Ernesto.—(*Queriendo detener la explosión de Hipólito, lo interrumpe.*) ¡Hipólito!

Hipólito.—¡Déjame terminar! (*A Teresa.*) Hace un momento volví a dudar de ti. Todas mis sospechas acerca del papel que viniste a representar aquí, en esta casa, al lado de mi padre, volvieron a renacer en mí. Le he planteado a Ernesto todas mis interrogaciones, le he confiado todas mis dudas acerca de ti, le he confesado el odio, la repulsión que llegué a sentir por ti.

(*Se detiene tanto al oír su voz fuera de sí como al ver que Teresa se ha dejado caer en el sofá sollozando silenciosamente.*)

Ernesto.—Ahora soy yo quien va a decirlo todo. Es verdad lo que dice, pero también es verdad que Hipólito está de acuerdo en que ya no siente ese odio hacia ti.

Hipólito.—(*Vivamente.*) Pero que, sin embargo, sigo pensándolo, ¿no?

Ernesto.—También es verdad, Teresa. Pero en algo que hemos experimentado, en algo que hemos sentido profundamente, podemos pensar toda la vida sin que esto quiera decir que sigamos sintiéndolo. La memoria y la razón pueden hacernos creer que aún sentimos lo que ya está bien muerto dentro de nosotros. Alégrate, Teresa, acabo de saber, por boca de Hipólito, que nada de lo que sentía por ti tiene validez ahora. (*Breve pausa.*) Ha sido el de esta noche su último desahogo. Después de esta confesión en que Hipólito mismo me decía que no era él sino su infancia la que volvía a rebelarse en contra tuya, se ha librado y te ha librado para siempre de su tortura. (*Teresa alza los ojos en busca de Ernesto.*) Te he visto, aun a través de sus acusaciones, salir absuelta. Todo esto no ha sido sino una última descarga. Allí lo tienes, al fin, después de emplear todas sus armas en contra tuya, inerme ya para siempre.

Hipólito.—(*Acercándose a Teresa.*) Ernesto ha dicho la verdad. Y no te digo que me perdones ahora, porque yo no me siento culpable. El niño rencoroso que se alejaba de ti, que rehuía tu contacto, que esquivaba tu presencia; el niño injusto que tendría que pedirte perdón habló hace un momento y por última vez, como un extraño, dentro de mí y a pesar mío.

Teresa.—Gracias, Hipólito.

Hipólito.—Gracias a ti, Teresa. Gracias, Ernesto.

Teresa.—(*Tomando de la mano a Ernesto.*) Eres un hombre de oro, Ernesto.

Ernesto.—(*Como para sí y sin que los otros lo comprendan.*) Un hombre de oro que preferiría ser de carne y sangre.

(Se han quedado agrupados, siguiendo cada uno su pensamiento. Se oye el timbre de la puerta de entrada. Ninguno de los tres parece darse cuenta. Se ve al ama volver del vestíbulo. Se detiene en el umbral y, nerviosa y tímidamente, se la oye decir.)

ESCENA III

Ernesto, Hipólito, Teresa, el ama

EL AMA.—¡Hipólito! *(Todos se vuelven.)* Alicia acaba de llegar y pregunta por ti.

(El grupo se deshace.)

TERESA.—¿Alicia?
EL AMA.—Dice que quiere hablar contigo... a solas, Hipólito.
TERESA.—¿Pero por qué no pasa?
EL AMA.—*(A Hipólito.)* Que si puedes salir al vestíbulo un momento.
HIPÓLITO.—*(Que se ha llevado la mano a las sienes.)* ¡Es verdad, Alicia!
TERESA.—*(Al ama, enérgicamente.)* Dile a Alicia que pase.
HIPÓLITO.—*(Dirigiéndose hacia la puerta.)* Voy a verla.
TERESA.—*(Deteniendo a Hipólito con el ademán.)* No, Hipólito. Un momento. No comprendo por qué se queda fuera. *(Al ama.)* ¿Y tú, qué haces allí como una estatua? Vé a decirle que pase... ¿o tendré que ir yo misma a decírselo?
EL AMA.—En seguida, en seguida. *(Sale desconcertada, rápidamente.)*

ESCENA IV

Teresa, Ernesto, Hipólito

TERESA.—¿Pero qué puede pasarle? ¿Qué quiere decir esa reserva? ¿Le habrá sucedido algo a Julia?

ERNESTO.—*(Irónicamente.)* Por esa parte puedes estar tranquila. Julia es invulnerable y, si me obligas a decirlo todo, añadiré que mucho me temo que sea inmortal.

(Llega Alicia. Se detiene en el umbral de la entrada del vestíbulo. Vestida de negro como en el primer acto, se quedará inmóvil, sorprendida al ver que Teresa, que se adelanta hacia ella, está

vestida de color. No puede reprimir un gesto de asombro más que de sorpresa y hasta se la ve retroceder un tanto.)

Alicia, Teresa, Hipólito, Ernesto

ALICIA.—¡Pero, Teresa!

TERESA.—¿Qué tienes? ¿Te sucede algo?

ALICIA.—No, nada... es que...

TERESA.—Acaba, mujer.

ALICIA.—Es que al verte así, como estás, me he quedado, ¿cómo decirlo?... deslumbrada... Y he sentido una sensación de frío, del frío que produce esta ropa de luto que tú has dejado... y que yo... *(Mirándose la ropa como si mirara un harapo.)*

TERESA.—Y que tú debes dejar también.

ALICIA.—Es verdad, tienes razón, yo también debí quitármela... para verme así, como tú.

TERESA.—¡No digas tonterías, chiquilla! Vamos, saluda a Ernesto.

HIPÓLITO.—*(Se adelanta hacia Alicia que ha entrado en la sala, va a decir algo más que su nombre.)* Alicia...

ALICIA.—*(Recobrándose.)* ¡No digas nada, Hipólito! Y, sobre todo, no te disculpes.

(Hipólito detiene su impulso. Teresa y Ernesto cambian una mirada.)

TERESA.—¿Disculparse? ¿De qué, Alicia? *(Ella no responde.)* ¿De qué tienes que disculparte, Hipólito?

ALICIA.—No digas nada, Hipólito. Las cosas que hay entre nosotros son sólo nuestras.

TERESA.—*(Después de mirar a Hipólito con asombro, se vuelve a Alicia y con voz conciliadora.)* ¡No querrás decir que has venido a hablar con Hipólito de algo que Ernesto y yo no podemos oír!

ALICIA.—No he dicho eso.

TERESA.—*(Perdiendo la serenidad.)* ¡Y sin embargo, se necesitaría estar ciego para no comprenderlo!

ALICIA.—*(Con voz fría.)* ¿Y si así fuera?

TERESA.—¿Qué dices, Alicia? No te comprendo... o no quisiera comprenderte. Hablas con una voz que no es tuya, con una voz prestada.

ALICIA.—*(Afirmándose cada vez más.)* ¿Vas a decir que hablo con la voz de mi madre?

HIPÓLITO.—Vamos, Alicia. No puedes seguir hablando así en... *(Se detiene.)*

ALICIA.—¿En tu casa? ¿Quieres decir que en tu casa no puedo hablar como yo quiera?

ERNESTO.—No te olvides, Alicia, que también es la casa de Teresa.

TERESA.—Alicia tiene razón, Ernesto. Para "ellas" ésta no es sino la casa de Hipólito, como antes no fue sino la casa de su padre. Yo no he contado, yo no cuento aquí jamás.

HIPÓLITO.—No digas eso, Teresa.

ALICIA.—¿Qué vas a decirle ahora? ¿A qué mentira vas a recurrir para negar de una vez por todas tu conducta de tantos años?

HIPÓLITO.—¡Pero estás loca, Alicia!

ALICIA.—Puede ser que esté volviéndome loca, pero, antes de estarlo por completo, he decidido que sepas por qué razón no he podido esperar a que fueras a verme... Te he esperado toda la tarde y parte de la noche. Por eso he venido aquí a decirte —a ti, Hipólito— lo que ya no cabe en mi pecho, lo que tenía en la boca como un mal sabor que al fin se ha vuelto palabras.

TERESA.—*(Buscando apoyo en Ernesto.)* Llévame de aquí, Ernesto. Que se quede. No quiero, no podría oírla un momento más.

HIPÓLITO.—Es ella la que debe guardar silencio. *(Acercándose a Alicia.)* Vámonos, Alicia. Te llevaré a tu casa. *(Pausa.)* ¿Por qué no te mueves?

ALICIA.—Porque si he venido aquí, a estas horas, es porque estoy decidida no sé a qué, pero a todo.

TERESA.—Aun a venir a desahogarte de todos tus rencores, de todas tus represiones, y a librarte de todo el veneno que ni siquiera es tuyo, porque cuesta trabajo pensar que a tus años se pueda acumular lo que ya se asoma a tus ojos, lo que quieres dejar escapar de los labios. ¡Pero no te oiré!

ERNESTO.—Tienes razón, Teresa. Vámonos. Y tú, Hipólito, doma si puedes a la fierecilla. Recuerda que si ayer rugían a dúo, hoy tienes razones y sentimientos bastantes para amansarla —si aún es posible— o, al menos, para hacerla callar.

(Salen Teresa y Ernesto por la puerta lateral izquierda.)

Hipólito, Alicia

ALICIA.—*(Después de una pausa.)* ¿Qué quiso decir Ernesto?

HIPÓLITO.—Lo que dijo, y nada más.

ALICIA.—*(Comprendiendo que Hipólito no es ya el mismo, sentándose aniquilada, después del esfuerzo anterior. Como a sí misma.)* Quiso decir que te han amansado a ti, con sentimiento y hasta con razones. ¿No es eso?

HIPÓLITO.—¿Es esto lo que has venido a decirme? Soy yo quien debe interrogar. Eres tú quien debes explicar tu presencia a esta hora en esta casa y tu conducta de hace un momento.

ALICIA.—*(Para sí, más que para Hipólito.)* Soy yo la que debo explicar mi presencia en esta casa y mi conducta, pero mucho me temo que mis explicaciones no sólo no te convenzan sino que te parezcan incomprensibles.

HIPÓLITO.—¿Qué quieres decir?

ALICIA.—Si es verdad lo que dijo Ernesto, no hablamos ya el mismo idioma. Tiene razón: ayer rugíamos juntos. Pero ahora, para entendernos, necesitarían amansarme, cambiarme, como parece que te han amansado y cambiado en estos días. Y ahora comprendo...

HIPÓLITO.—¿Qué?

ALICIA.—Por qué huyes de mí.

HIPÓLITO.—No huyo de ti.

ALICIA.—¿Lo dices porque no te alejas de mí? En apariencia tienes razón. Pero el hecho de no buscarme más, de contestarme con evasivas, las pocas veces que hablamos, de hacerme esperar horas y horas cuando, como esta noche, me has dejado abrigar la esperanza de que irías a verme...

HIPÓLITO.—Lo de esta noche fue involuntario, te lo aseguro.

ALICIA.—¿Lo de esta noche, dices? Luego los otros días... Empiezo a creerte sincero.

HIPÓLITO.—Hoy me olvidé por completo; eso es todo.

ALICIA.—¿Lo confiesas?

HIPÓLITO.—No tengo por qué ocultarlo.

ALICIA.—Eso quiere decir, Hipólito, que ya no huías de mí, porque has huido ya tal vez para siempre de mí. En este olvido está, precisamente, el triunfo de ella.

HIPÓLITO.—¿Qué quieres decir?

ALICIA.—El triunfo de ella sobre mí, sobre nosotros dos.

127

Hipólito.—*(Con energía.)* Te prohibo... *(Se detiene súbitamente.)*

Alicia.—¿Qué ibas a decir? ¿Por qué te arrepentiste? Piensa que tienes todo el derecho de prohibirme que hable así de tu madre.

Hipólito.—¿Qué tiene que ver mi madre en estas cosas?

Alicia.—Me refiero a Teresa.

Hipólito.—Teresa no es mi madre.

Alicia.—Por un momento pensé que habías acabado por considerarla así.

Hipólito.—¡Qué dices! ¿A dónde vas a parar, Alicia?

Alicia.—Eso mismo podría yo preguntarte y ya ves que no lo hago. Y ahora comprendo que entre todas las redes que han puesto en torno tuyo, no sería lo peor que hubieras caído en la de acabar por considerarla como a una madre.

Hipólito.—¿Quieres decir que ahora te gustaría...? *(No se atreve a seguir.)*

Alicia.—No he dicho que me gustaría sino que, en todo caso, preferiría que pensaras en ella como en una madre.

Hipólito.—¡Como en una madre! ¡No puedo pensar en ella de ese modo!

Alicia.—¡Ya ves! ¿Te das cuenta de lo que acabas de decir?

Hipólito.—*(Febrilmente.)* ¡Pero qué has hecho, qué han hecho tu madre y tú, por todos los medios, sino evitar cuidadosamente, durante años y años, que yo pudiera ver a Teresa como a una madre!

Alicia.—¿Quieres decir que hemos triunfado, nosotros, los cómplices? ¿Quieres decir que nunca podrás verla como a una madre? ¿Y no lo lamentas?

Hipólito.—¿Por qué habría de lamentarlo?

Alicia.—Pues yo sí lo lamento ahora, porque todo esto sólo quiere decir que es ella quien ha triunfado sobre nosotros, usando nuestras propias armas, apoderándose insensiblemente de tu voluntad.

Hipólito.—¿Qué estás diciendo, Alicia? Mi voluntad es mía.

Alicia.—Eso mismo creía tu padre. Teresa tiene el don de hacer creer a los demás que la voluntad de ella es la de los demás.

Hipólito.—No querrás decirme, Alicia, que has venido aquí, a estas horas, a hablarme de esas ideas absurdas.

Alicia.—Que te harán pensar más de lo que ahora crees, si es que aún eres capaz de pensar.

128

Hipólito.—¿Te quieres callar? (*Luego, reprimiéndose.*) Acaba de una vez si tienes algo más que decir.

Alicia.—Creo que nada. Desde que entré en esta casa; desde el momento en que me hallé frente a Teresa, al verla así como está, cambiada, sin las ropas de luto, me di cuenta de que todo lo que venía a decirte ya no tenía objeto... (*Pausa.*) ¿De qué me serviría, por ejemplo, preguntarte si le has dicho por fin a Teresa...?

Hipólito.—¿Qué?

Alicia.—¡Pero te has olvidado también! (*Luego, dulcemente.*) ¿No le has dicho que estamos comprometidos, que hemos decidido casarnos pronto, muy pronto? Sé que no se lo has dicho.

Hipólito.—Es verdad.

Alicia.—¿Porque también lo has olvidado?

Hipólito.—(*Cobarde, débilmente, flaqueando.*) Porque no ha habido ocasión. He buscado un momento propicio.

Alicia.—Y no lo has encontrado, entre tantos, entre todos los que han vivido juntos, hora tras hora, día tras día —los días y las horas que me han parecido eternos—, sin salir a la calle, solos.

Hipólito.—Solos o con Ernesto que viene todos o casi todos los días.

Alicia.—(*Fríamente.*) Creía que ahora, puesto que Teresa no está sola, puesto que te tiene a ti a su lado, Ernesto no vería la necesidad de acompañarla, todos los días, como antes de que tú llegaras.

Hipólito.—¿Todos los días, dices?

Alicia.—Todos los días, sí, y a toda hora. Y estoy segura de que ha sido él quien aconsejó a Teresa que se quitara el luto.

Hipólito.—(*Que no ha oído el último parlamento de Alicia.*) ¿Luego tú crees...?

Alicia.—Sí, lo creo. Creo que ha sido él. Teresa lo deseaba, pero es tan incapaz de hacerlo por su propia decisión como hábil para obligar a otro a sugerírselo, a pedírselo.

Hipólito.—(*Sin relacionar lo que está pensando con lo que Alicia acaba de decir.*) ¿Pero qué dices?

Alicia.—¡Quién sino él pudo pedirle que se quitara el luto! ¿Verdad que fue Ernesto?

Hipólito.—(*Cobardemente.*) Ernesto, sí.

Alicia.—(*Se acerca a Hipólito.*) Tienes razón, Hipólito, debo estar loca, porque por un momento pensé que habías llegado al extremo de pedírselo tú.

(*Hipólito no contesta. Se deja caer en el sofá. Una pausa perceptible, hueca. Luego, Hipólito sin moverse.*)

Hipólito.—No hablemos más, al menos por esta noche. (*Pausa breve. Apartando un pensamiento.*) Te llevaré a tu casa. (*Hipólito no se mueve.*)

Alicia.—No es necesario, Hipólito. Si me acompañaras, volveríamos a hablar, y creo que, sobre todo esto, nada más tenemos que decir. Te quedarás aquí. Yo preferiría...

Hipólito.—¿Qué vas a decir ahora?

Alicia.—Que te quedaras aquí, solo, juntando todas tus ideas y también... todas tus fuerzas, hasta el momento en que ella venga a preguntarte el porqué de mi presencia en esta casa —adonde ya no volveré más. Entonces le dirás...

Hipólito.—(*Interrumpiéndola.*) Pero ¿vas a dictarme ahora lo que debo decirle?

Alicia.—(*Acercándose a Hipólito por la espalda y apoyando tímidamente su mano en el hombro de Hipólito que no volverá la cabeza.*) Le dirás, de una vez por todas, lo que piensas, lo que sientas, de mí... de nosotros... de nuestros proyectos... si todavía podemos llamarlos así. (*Pausa. Hipólito baja la cabeza.*) ¿Verdad que lo harás esta misma noche?

Hipólito.—(*Con voz apagada en que no habrá la menor resolución.*) Sí... esta misma noche.

(*Alicia, después de acariciar los cabellos de Hipólito, sale rápidamente por la puerta del vestíbulo. Pausa larga en que se verá a Hipólito oprimirse las sienes. Luego, silenciosamente, aparecerá por el vestíbulo Teresa. Se detendrá en el umbral. Hipólito la presentirá y sin volver la cabeza preguntará.*)

¿Estás allí?

ESCENA VII

Hipólito, Teresa

Teresa.—(*Desde el umbral.*)- Sí.

Hipólito.—Alicia se fue hace un momento.

Teresa.—La he visto salir. Yo estaba en el fondo del vestíbulo... a fin de darle una oportunidad de decirme algo menos cruel... de disculparse. A pesar de que era yo la que estaba inmóvil, esperándola, ella pasó como una estatua que de pronto se echara a andar, viéndome sin mirarme, con la mirada vacía, como se ve un objeto inanimado...

130

Hipólito.—(*Después de breve pausa.*) ¿Y Ernesto?

Teresa.—(*Dando unos pasos al frente.*) Le pedí que se fuera. Él no comprendía por qué. Pero yo insistí, sin decirle que quería estar sola, esperando que salieran los dos... o ella solamente.

Hipólito.—Yo iba a salir con ella.

Teresa.—(*Con un sobresalto.*) ¿Qué dices?

Hipólito.—Sí, para acompañarla hasta su casa.

Teresa.—¿Y por qué no lo hiciste?

Hipólito.—Alicia me pidió que me quedara aquí, solo. Presentía que tú vendrías a preguntarme, a saber.

Teresa.—Ya ves que no te he preguntado nada, que no intento saber nada.

Hipólito.—(*Nerviosamente.*) Y esto es lo que más me desconcierta, ahora, como en todo este tiempo que hemos pasado juntos, que nunca me hayas preguntado nada acerca de las relaciones que pudiera haber entre Alicia y yo.

Teresa.—(*Acercándose hasta el sofá en que estará Hipólito.*) ¿Por qué había de preguntarte? Si no me lo has confiado, como tantas otras cosas que te han salido naturalmente del pecho, es porque te importaba mucho ocultarlo, o bien porque... (*Se detiene.*)

Hipólito.—Porque había dejado de importarme, ¿no es eso?

Teresa.—(*Se sienta al otro extremo del sofá y sin mirar a Hipólito que tampoco la habrá mirado hasta ese momento.*) Por un momento pensé que Alicia ya no te importaba.

Hipólito.—¿Y ahora?

Teresa.—¿Y tú me lo preguntas? Fíjate bien en que esa pregunta no es a mí sino a ti mismo a quien está dirigida.

Hipólito.—(*Volviendo a su posición anterior.*) Es verdad.

Teresa.—¡Óyela bien! Puedes contestarla sólo para ti, con el pensamiento. Yo seguiré ignorando o sabiendo —por lo que callas— el interés que tengas por Alicia: Y ahora, Hipólito, ¿te importa?

Hipólito.—(*Con nerviosidad extrema.*) Siento que si la contestara para mí, sin mover los labios, sin voz, sólo con el pensamiento, mi pensamiento gritaría con un grito que nos volvería locos aquí a los dos.

Teresa.—(*Acercándose, tomándole las manos.*) Te lo diré yo, sencillamente, sin peligro de locura para ninguno de los dos: "No la quieres, Hipólito, no la quieres."

Hipólito.—(*Con una voz que revela el alivio.*) Es verdad, Teresa. No la quiero.

131

TERESA.—No la has querido nunca. Creías quererla cuando querías el rencor, el odio que sentías por mí. Era odio y no amor lo que alimentabas, lo que compartías con esa criatura de cuya apariencia parece imposible pensar que pueda desprenderse algo que no sean la inocencia y el amor. ¡Al fin has comprendido!

HIPÓLITO.—He comprendido todo, respecto a ella. Pero, al mismo tiempo, el día en que tuve al fin la evidencia de que cuanto mediaba entre tú y yo no eran sino fantasmas creados por mí y por ella, Alicia ha venido a poner en pie, frente a mí, al tiempo que me abría los ojos, la idea de que... (*bajando la cabeza y haciendo un esfuerzo para llegar hasta el final de su pensamiento*) entre Ernesto y tú...

TERESA.—(*Sin dejarle terminar la frase, cubriéndole la boca con las manos.*) ¡No sigas, Hipólito! ¡Te lo prohibo! (*Hipólito vuelve la cabeza hacia otro lado.*) ¡Mírame a los ojos, y después, dime si todavía eres capaz de creerlo!

(*Hipólito la mira un instante a los ojos. Luego eludiendo otra vez la mirada.*)

HIPÓLITO.—¡Si no soy capaz de creerlo! Pero, al mismo tiempo, ¿no te das cuenta de que el solo hecho de haber dudado de ti, de haber sentido celos, me descubre el modo como yo te quiero? (Y, *ocultando la cara en el pecho de Teresa, se le oirá sollozar.*)

TERESA.—(*Estrechando, hundiendo en su regazo y acariciando la cabeza de Hipólito, con una indefinible sonrisa repetirá lentamente, irguiéndose al mismo tiempo que hace suya la frase y hasta la voz de Hipólito.*) ¡Me descubre el modo como yo te quiero!

TELÓN

ACTO TERCERO

La misma decoración. Las cortinas de las ventanas se hallan descorridas. Es la hora incierta del anochecer. El ama se halla sentada en el sofá, tejiendo. Al levantarse el telón dejará su labor y se tocará los ojos cansados, con las manos. Luego, con la mirada fija en un punto lejano, se la verá pensativa. Por la puerta de la derecha, entrará Hipólito. Se ha quitado el luto, se le ve alegre y viviente. Llama, buscando, a media voz.

El ama, Hipólito

HIPÓLITO.—¡Teresa! ¡Teresa! ¿Dónde estás? (*Atraviesa la escena sin ver al ama que lo seguirá con la vista. Sale por la puerta de la izquierda para reaparecer por el vestíbulo. Desde allí, preguntará.*) ¿Por qué no me respondes? (*Entra en la sala y, acercándose por detrás del sofá donde está el ama, en el momento en que va a dar una sorpresa a la que cree Teresa, se detiene.*) ¡Ah, eres tú, María!

EL AMA.—Sí, soy yo, solamente, y ninguna otra. No puedo evitarlo.

(*Hipólito ríe y va a sentarse en el mismo sofá donde está el ama.*)

HIPÓLITO.—No digas eso. Tú eres perfecta.

EL AMA.—¿Lo dices porque no tengo compostura?

HIPÓLITO.—Lo digo porque no tienes defectos.

EL AMA.—Creo que la penumbra de este cuarto te ciega. Voy a encender la luz. (*Va a encender la lámpara de la mesa.*)

HIPÓLITO.—No. Así estamos bien. Déjame estar un momento a tu lado, como hace muchos años.

EL AMA.—¿Qué tienes, Hipólito?... (*Acariciándolo.*)

HIPÓLITO.—Nada; simplemente, quiero estar así unos momentos, cerca de ti, con los ojos cerrados, sin hablar, oyéndote hablar.

EL AMA.—Pero... ¿no buscabas a Teresa?

HIPÓLITO.—A Teresa o a alguien... No quería estar solo.

EL AMA.—Teresa no tardará en venir. Ha ido a arreglarse un poco. Tu tío Ernesto va a venir.

HIPÓLITO.—(*Se queda suspenso un instante al oír el nombre de Ernesto.*) ¿Va a venir Ernesto?

EL AMA.—Sí.

HIPÓLITO.—Hace tiempo que no lo veo... Más de dos meses...

EL AMA.—Hace tres meses que Ernesto no viene a la casa. Ya me extrañaba no verlo, pero no me atrevía a preguntarle a Teresa o a ti, si había algún motivo... Pero esta mañana llamó por teléfono.

HIPÓLITO.—¿Esta mañana?

EL AMA.—Preguntó si Teresa estaría en la casa hoy al oscurecer.

HIPÓLITO.—¿Qué dijo Teresa?

El ama.—¡Qué había de decir! Que viniera a la hora que quisiera.

Hipólito.—¿Teresa habló personalmente con él?

El ama.—Sí, unas cuantas palabras. Se rió mucho y le preguntó si estaba volviéndose diplomático. Por cierto que no comprendí esa pregunta.

Hipólito.—Es muy sencilla.

El ama.—¿Qué quiso decirle?

Hipólito.—Que si estaba volviéndose tonto.

El ama.—(*Riendo.*) Es verdad. ¡Qué tonta soy!

Hipólito.—Digamos más bien: ¡qué diplomática!

(*Ríen. Pausa. Luego acercándose más al ama, y con un esfuerzo que quisiera ocultar.*)

Después de la muerte de mi padre, ¿Ernesto venía aquí... casi todos los días?

El ama.—Sí, casi todos los días, pudiera decirse que todos los días.

Hipólito.—Se han comprendido, siempre, ¿verdad?

El ama.—¿Quieres decir Teresa y Ernesto? Ernesto fue su único apoyo moral, su confidente, su aliado aun en contra de su hermana Julia.

Hipólito.—Lo sé, lo sé. (*Pausa breve.*) Y... antes... ¿Ernesto visitaba con mucha frecuencia esta casa, durante mi ausencia?

El ama.—Ni más ni menos que antes de que te fueras. Venía a comer y a cenar. Hablaba con tu padre horas y horas, como dos amigos, en esta misma sala, sin cansarse. Teresa les hacía compañía, sin hablar casi, escuchándolos. Recuerdo que Teresa me decía: "No comprendo bien todo lo que dicen, pero dicen las cosas de un modo que no hace falta comprender."

Hipólito.—¡Pero si mi padre era claro como un vaso de agua!

El ama.—Recuerdo que, otras veces, Teresa me decía: "Hoy han hablado de mí durante mucho tiempo, como si yo no estuviera delante de ellos, sin dirigirse a mí, como si hablaran de una persona distante." Y Teresa salía maravillada cuando hablaban de ella comparándola con diversas cosas.

Hipólito.—(*Interrumpiéndola.*) Con la hiedra, por ejemplo.

El ama.—No, no con la hiedra. O no recuerdo. ¿Por qué se te ocurre pensar que con la hiedra?

Hipólito.—No, por nada, dije lo primero que pensé. (*Pausa.*) ¿Te ha dicho Teresa que pronto haremos un viaje?

El ama.—Sí.

Hipólito.—¿Y que te quedarás aquí, dueña y señora de la casa? ¿Qué te parece?

El ama.—¿Y no tienes miedo de ese viaje, Hipólito?

Hipólito.—Por el contrario, a lo que tengo miedo es... no sé... tal vez a ensombrecer aquí... y a dejar que Teresa...

El ama.—¡Teresa y yo estamos asidas a esta casa de un modo! Y tú mismo, a pesar de tantos años de ausencia, ¿no te sientes como adherido a ella? ¿No te has fijado cómo todos buscamos sin darnos cuenta esta sala, la única que ha permanecido intacta, como tú la dejaste; lo único que es, todavía, la verdadera casa de tu padre?

Hipólito.—(*Con involuntaria rudeza.*) Precisamente por eso quiero viajar, y que Teresa venga conmigo.

El ama.—Teresa va a echar de menos la casa más de lo que tú crees. Nunca, ni en los momentos en que sintió que se le caía encima, ha querido salir de ella, por nada.

Hipólito.—(*Afirmándose, poniéndose en pie, y dando palmadas en los hombros del ama.*) Pero ahora saldrá. Por un tiempo más o menos largo, no sé, pero saldremos. (*Hipólito se dirige al vestíbulo.*)

El ama.—¿No esperas a Ernesto?

Hipólito.—(*Se detiene al oír el nombre de Ernesto, y sin volverse.*) No, no puedo esperarlo. Tengo que ir a ver al notario... Eso, precisamente, quería decirle a Teresa hace un momento. ¿Quieres avisarle? Hasta luego.

El ama.—Hasta luego, Hipólito.

(*Sale Hipólito por el vestíbulo. El ama se levanta, enciende la lámpara de la mesilla de la derecha. Va a salir por la puerta de la izquierda, cuando entra Teresa por la derecha. Mientras habla con Teresa, el ama deja su labor en la mesilla de la izquierda y enciende la lámpara de la mesilla de la izquierda. Se verá entonces que sobre la silla está el chal negro de Teresa.*)

ESCENA II

El ama, Teresa

Teresa.—¿Quién salió? ¿Hipólito?

El ama.—Sí, Hipólito.

Teresa.—¿Sabes adónde?

135

El ama.—A ver al notario.

Teresa.—¡Al notario a estas horas!

El ama.—Me pidió que te dijera eso, y también, que no podría esperar a Ernesto.

Teresa.—¿Tú le dijiste que Ernesto...? *(Se detiene.)*

El ama.—Sí, que vendría hoy por la noche. ¿Por qué lo preguntas?

Teresa.—Por nada... recordé que yo no se lo dije. *(Se sienta en el sofá. Pausa.)* ¿Estaba nervioso?

El ama.—Más bien me pareció animado, locuaz.

Teresa.—Te hizo preguntas... ¿verdad?

El ama.—Como tú ahora, y como todos. Yo soy la única memoria que hay en esta casa. Me consultan como a un diccionario, como a una guía de teléfono. Antes de ayer la cocinera me preguntó, delante de la muchacha, cuántos años tenía.

Teresa.—¿Quién? ¿Tú?

El ama.—No, ella.

Teresa.—Y ¿qué le has dicho?

El ama.—La verdad. Y, naturalmente, lleva dos días sin hablarme.

Teresa.—*(Ríe y luego, sin dar importancia a la pregunta.)* Pero Hipólito no se fue contrariado, ¿verdad?

El ama.—No creo. Habló un rato conmigo, acerca del viaje, me preguntó mi parecer, y le dije.

Teresa.—*(Interrumpiéndola.)* La verdad; ¿no es así?

El ama.—Sí, la verdad. Me dio la razón en todo, pero al despedirse me dijo que, precisamente por eso, el viaje era indispensable.

Teresa.—Todos estos días lo he visto nervioso, inquieto.

El ama.—¿Y no le has preguntado por qué?

Teresa.—Dice que es la ansiedad de quien se dispone a partir.

El ama.—Tú no la sientes, ¿verdad?

Teresa.—Es curioso, no había pensado en ello; no, no la siento.

El ama.—Y, no obstante, vas a partir.

Teresa.—Hipólito tiene todo preparado. Está decidido a partir y a llevarme consigo. Y ya comprenderás que yo no puedo dejarlo partir solo; sería lo mismo que dejar ir a toda la felicidad de estos seis meses que me han parecido, acaso por la avidez con que los he gozado, un día solamente: intenso, profundo, pero un día que yo quisiera prolongar de cualquier modo y a cualquier precio. Sé que tú me comprendes.

El ama.—Sí, te comprendo.

TERESA.—Pero al mismo tiempo no sé ni quiero saber si me apruebas. Muchas veces, en todo este tiempo, he estado a punto de pedirte una opinión, un consejo, pero eso habría equivalido a provocar el examen de conciencia que no he querido hacer para seguir viviendo plenamente. Y me parece que tú allí, frente a mí, silenciosa y siempre presente, eres mi conciencia en persona. Y que si no hablas ni aconsejas es porque me comprendes intensamente.

EL AMA.—Es verdad, Teresa. Ya me parece bastante ver cómo a su lado has renacido.

TERESA.—Ésa es la palabra, María, he renacido y, ahora que lo sé, no quiero, por ningún motivo, volver a morir.

(*Una pausa breve que se romperá en el momento en que se oye el timbre de la puerta de entrada. Teresa se pone en pie y dirá vivamente.*)

Anda tú misma a abrir. Es Ernesto.

(*Sale el ama por la puerta del vestíbulo, pero se la verá volver rápidamente, con el asombro pintado en los ojos. Se detiene en el umbral y dirá sorprendida, desconcertada.*)

EL AMA.—¡No, no es Ernesto! ¡Es Alicia!

TERESA.—¡Alicia! ¡Qué dices!

EL AMA.—Sí, Alicia que pregunta por ti, que viene a hablar contigo.

TERESA.—Nada tenemos que hablar. Dile que...

(*Pero Teresa se interrumpirá en ese momento al ver aparecer a Alicia junto al ama. Se halla vestida de luto como en los actos anteriores. Está pálida y demacrada. A la altivez de su anterior visita, sucede ahora una apariencia de humildad que no excluye, sin embargo, la seguridad con que hablará, como alguien que, por una circunstancia decisiva en su vida, ha adquirido una confianza en sí mismo que puede oscilar un instante pero que ya no la abandonará jamás.*)

ESCENA III

El ama, Teresa, Alicia

ALICIA.—Sí, Teresa. Por mucho que te asombre, aquí estoy.

TERESA.—...Si has venido a hablar con Hipólito, te diré que no está en casa, que salió hace unos minutos y que...

ALICIA.—(*Interrumpiéndola.*) Pero no, no he venido a hablar con Hipólito. Si por el contrario, he estado aquí, frente a tu casa, ocultándome, hasta el momento en que lo he visto salir.

TERESA.—¿Quieres decir que has venido a espiarnos?

ALICIA.—Si tú llamas espiar a esperar la ocasión de venir a hablar contigo en un momento en que él no estuviera aquí... Hipólito no me ha visto, no ha querido verme desde aquel día... ¡Ya ves que nada te oculto!

TERESA.—¡Y no te basta estar convencida de que Hipólito, como tú misma lo dices, no quiere verte, para comprender que nada tienes que hacer en esta casa!

ALICIA.—¿Tú no comprendes o no adivinas todas las resistencias que he tenido que vencer para venir a esta casa a donde había jurado no volver jamás? He venido a hablar contigo, a solas. (*Al ama.*) Tú me perdonarás, María. ¡Y ahora sí por última vez!

(*Teresa hace una seña al ama que desaparecerá por el vestíbulo, después de correr la amplia cortina. Alicia entrará en la sala lentamente. Teresa no la perderá de vista y se comprenderá que en el fondo de su altivez habrá para Alicia, al verla marchita, un involuntario sentimiento de compasión.*)

ESCENA IV

Teresa, Alicia

ALICIA.—¡Ya veo cómo me miras! (*Tocándose las ropas de luto, como en su anterior visita.*) No he podido quitármelo... Creo que ya no puedo, que tal vez ya no podré volver a vestirme de color... Aquel día tú misma me dijiste que debía quitarme el luto.

TERESA.—Nunca lo llevaste por un verdadero sentimiento, sino por una consigna, por uno de tantos ardides.

ALICIA.—Es verdad; pero también es verdad que desde aquel día empecé a llevarlo realmente, por Hipólito.

TERESA.—No se lleva el luto sino por los muertos.

ALICIA.—Tienes razón, Teresa. No se lleva el luto sino por los muertos. Y porque todo ese tiempo lo he llevado por él, que no ha muerto, he venido a preguntarte si tendré que seguir llevándolo siempre, si debo pensar que Hipólito ha muerto para mí.

TERESA.—¿A mí me lo preguntas?

ALICIA.—Sí, a ti. ¿A quién si no a ti?

Teresa.—A Hipólito, a ti misma.

Alicia.—Bien sabes que Hipólito no tiene más voluntad que la tuya.

Teresa.—Y si así fuera, ¿eso no te parece ya una respuesta?

Alicia.—No, Teresa. Lo que has dicho no es sino una frase cruel.

Teresa.—(*Enardeciéndose desde este momento a medida que habla.*) Pero ¡has venido, tú, a hablarme de crueldad! ¡Nunca les eché en cara a ustedes la suya! ¡Nunca les pregunté las razones que tenían para odiarme! Veo que ahora que han agotado sus viejos procedimientos han adoptado otros nuevos, y que de la soberbia han pasado a la humillación!

Alicia.—Ahora hablo por mí misma, Teresa.

Teresa.—Luego, ¿confiesas que antes no eras sino un instrumento?

Alicia.—Sí, lo confieso. Pero ahora soy otra, y todo lo que digo sale de mí misma, de mis sentimientos.

Teresa.—¡Pero te atreves a hablar de sentimientos! ¿Cuándo los has tenido?

Alicia.—Ahora, Teresa. Ahora que los he descubierto dentro de mí.

Teresa.—Ahora que te han parecido la mejor de las armas para despertar mi compasión, para excitar mi piedad. ¿Cuándo tuvieron, cuándo tuviste compasión de mí? Y ahora, con una sola frase, con una sola actitud que no se relaciona con tu actitud insolente de hace tres meses, cuando viniste aquí, a esta casa, "a mi casa", a pretender llevártelo de una vez por todas, quieres que yo me olvide de los tormentos que me causaron alejándome de él en todas las formas y por todos los medios.

Alicia.—Tendrías razón en todo lo que dices si no fuera verdad que ya no soy la misma.

Teresa.—Tampoco yo soy la misma. ¡No te das cuenta de que ya estoy madura para el cariño, y para el orgullo, y también para el odio hacia quienes pretenden arrebatarme a Hipólito!

Alicia.—¡Perdón, Teresa!

Teresa.—¿De qué debo perdonarte, ahora? En todo caso eres tú la que debes perdonarme, sin que yo te pida perdón alguno, porque no tengo tiempo para pensar en que me condenes o me absuelvas. Porque Hipólito ha vuelto a mí, y es mío.

(*Se ve a Alicia flaquear y apoyarse en una silla. Luego, cubriéndose el rostro con las manos.*)

139

ALICIA.—¿Quieres decir que entre ustedes ha habido algo... irremediable?

TERESA.—Entre nosotros no ha habido nada que no podamos gritar delante de todo el mundo.

ALICIA.—Entonces... ese viaje... *(Se interrumpe.)*

TERESA.—¡Ah!, ¿lo sabes ya? ¡Y qué tienes que decir de ese viaje! Dilo de una vez. ¡La gota de veneno que ustedes me han servido diariamente me ha inmunizado al fin! ¡Ahora el veneno me fortalece en vez de matarme! *(Se le acerca y, desafiándola, gritará.)* ¡Dilo! ¡Dilo!

ALICIA.—*(Dispuesta a decir la verdad.)* Ese viaje, Teresa, es para que Hipólito, fuera de esta casa, fuera de la casa de su padre, pueda consumar lo que aquí no se atreve.

TERESA.—*(Retrocediendo un paso.)* ¡Qué dices!

ALICIA.—Si yo en esta misma sala, en cada uno de los objetos que nos rodean, invisible pero no por eso menos fuerte, siento la presencia del padre de Hipólito, de tu esposo, ¡imagina cómo la sentirá Hipólito! Como un horrible presagio, y a la vez como un remordimiento anterior aún a la falta. ¡Porque aquí no ha podido ser! ¡Porque aquí no ha sido! ¡Esta casa lo ha salvado!

TERESA.—¿Quieres decir que lo ha salvado de mí?

ALICIA.—Y de sí mismo.

TERESA.—Pero que fuera de aquí nada habrá que lo salve, ¿verdad? ¡Pues bien, ese viaje se hará, suceda lo que suceda, a pesar de todo y contra todo lo que pueda sobrevenir! ¡Y ahora pienso que debo dar las gracias a tu madre y a ti, porque me condenaron a la soledad, y porque en esa soledad cada día más intensa, cada vez más profunda, aprendí a amar. Mi amor ha madurado, ha tomado forma, lo he atesorado largo tiempo. ¡Ahora que lo tengo, no voy a abrir las manos y a dejar escapar mi tesoro!

ALICIA.—Piensa que un día Hipólito y tú pudieron ser como madre e hijo.

TERESA.—¡Sí, y que ustedes nos lo impidieron!

ALICIA.—Piensa que un día te arrepentirás. Ya no eres una joven.

TERESA.—*(Afirmándose.)* ¡No, eso no! Si precisamente el hecho de que ya no sea una joven —una joven como tú— me libra del peligro del arrepentimiento! ¡Ya lo ves; eres tú, y no yo, la que se arrepiente ahora! *(Alicia se deja caer en una silla y se la ve empequeñecida y apagada.)* ¡Y eres tú, la más joven, la que está allí frente a mí, como un puñado de cenizas, apagada, sin cuerpo! ¡Confiesa que me estás viendo como las cenizas deben de ver, antes de quedarse frías para siempre, a un leño ardiente y lleno de fuego!

ALICIA.—(*Con una voz cenicienta.*) Pero que mañana se apagará.

TERESA.—(*Vibrante, quemándose.*) ¡Y qué me importa que mañana sea yo también un puñado de cenizas, si ahora me siento vivir como nunca antes, como nunca has vivido tú, que te has consumido sin arder! (*Alicia llorará silenciosamente. Al oírla, Teresa.*) ¡Y no llores! ¡Guarda esas lágrimas que ahora malgastas, que no podrán enternecerme y que, en cambio, apagarán el último rescoldo de tu juventud! Yo aprendí a beber las mías, a nutrirme de ellas. ¡Y hasta llegué a sentir de qué modo resbalaban, no hacia afuera, sino dentro de mí regando mis entrañas como una lluvia, como un rocío! ¡Esas lágrimas, cuidadosamente guardadas, impidieron que me marchitara como ya veo que te han marchitado las tuyas!

(*Se verá a Alicia surgir de sí misma, erguirse, ponerse en pie, y, enjugando sus lágrimas, decir.*)

ALICIA.—Tienes razón. No debo llorar. ¡Y no lo digo por mí, que al fin y al cabo estoy consumida sin remedio! Tampoco debo conservar este luto. Nada de lo que está fuera de mí, de lo que me llega de fuera, debe importarme ahora. ¡Ha sido una locura querer buscar una esperanza fuera de mí, para asirme de ella, cuando mi esperanza está dentro de mí! Si mi presencia y mis palabras no encontraron eco en las tuyas es porque tú no sientes lo que yo siento ahora; ¡algo que tú no has sentido ni sentirás jamás!

(*Teresa mira, atónita, como se mira a un sonámbulo, a Alicia que da unos pasos en dirección de la salida. Al volver la vista, Teresa encontrará a Ernesto que ha entrado por la puerta del vestíbulo y que, oyendo la última frase de Alicia, se ha quedado inmóvil, también. Se oirá entonces gritar a Teresa como alguien que, acometido por un temor inesperado, pide protección.*)

ESCENA V

Teresa, Alicia, Ernesto, el ama

TERESA.—¡Ernesto!

(*Ernesto entrará en la sala y caminará en dirección de Teresa que, atemorizada por la actitud sobrehumana y fría de Alicia, bus-*

cará apoyo en él. Al mismo tiempo, al oír el grito, Alicia se llevará las manos a la cabeza haciendo un esfuerzo por controlarse, pero en seguida se la verá flaquear, como alguien que va a desmayarse, a caer. Ernesto, al comprenderlo así, abandonará a Teresa para sostener a Alicia. El ama, que acudió al oír el grito de Teresa, aparecerá sorprendida por la puerta de la izquierda y se quedará como petrificada a unos pasos del umbral.)

ERNESTO.—¡Qué tienes, Alicia!
ALICIA.—*(Recobrándose, débilmente.)* No es nada, Ernesto...
No es nada.
ERNESTO.—Toma asiento.

(Y pretende hacerla desandar unos pasos y encaminarla a una silla, pero Alicia se recobrará.)

ALICIA.—Gracias, Ernesto. Ya ves que no es nada, que no ha sido nada...
ERNESTO.—Vamos, descansa un momento.
ALICIA.—No, Ernesto, no es preciso. Un desvanecimiento...
Pero ya estoy bien... *(Luego, suavemente.)* Debo salir de aquí.
Déjame, déjame salir.
ERNESTO.—¡Pero no pretenderás que te deje salir así, sola!
ALICIA.—*(Deshaciéndose de Ernesto delicadamente, dice con una voz llena de convencimiento.)* ¡Si no estoy sola! ¡Si ya nunca estaré sola! *(Sale por el vestíbulo.)*
ERNESTO.—*(Que se ha quedado atónito, comprendiendo, luego de verla desaparecer se volverá al ama y, con la voz subrayada por el ademán, le dirá.)* Anda con ella. Acompáñala, o al menos síguela hasta su casa.

(El ama sale rápidamente por el vestíbulo. Después de un silencio, Teresa hablará.)

ESCENA VI

Teresa, Ernesto

TERESA.—¿La viste, Ernesto? Se levantó de esa silla, como un sonámbulo.
ERNESTO.—La vi, Teresa.

142

Teresa.—Y hablar como en un delirio, ¿la oíste?

Ernesto.—Alcancé a oír las últimas frases.

Teresa.—El miedo que se apoderó de mí al oírla hablar de ese modo me hizo gritar. Hablaba... como una loca.

Ernesto.—Pero no como una loca.

Teresa.—¡Qué fue entonces lo que pudo hacerme gritar así!

Ernesto.—Ya lo has dicho: el miedo que sentiste al oírla hablar así como habló.

Teresa.—¿Qué quieres decir, Ernesto?

Ernesto.—Que Alicia acaba de hablar como se habla sólo una vez en la vida, para no volver a hablar nunca de ese modo: con las palabras únicas, con la voz más auténtica, con la seguridad de la persona que, más que hablar, deja que sus entrañas hablen por ella, para decir lo que no soportamos sino encubierto y revestido: la verdad.

Teresa.—¿La verdad, dices?

Ernesto.—Sí, la verdad. La verdad que, puesta delante de nosotros como un espejo implacable, nos da miedo y nos hace gritar.

Teresa.—¡Pero yo he sentido miedo y he gritado, sin comprender!

Ernesto.—Si no hubieras comprendido, no habrías gritado, Teresa. Gritaste porque comprendiste.

Teresa.—(Dolorosamente.) ¡Pero si aún no comprendo!

Ernesto.—Porque estás ensordecida y deslumbrada con tu propio grito que aún está resonando dentro de ti. Ahora que se apague por completo, sabrás que has comprendido y lo que has comprendido.

(Teresa se sienta suavemente en el sofá. Se la verá con los ojos abiertos, viendo sin mirar delante de sí.)

¡Y yo que vine a hablarte de Alicia!

Teresa.—¡Tú, de Alicia!

Ernesto.—Sí. No esperaba encontrarla aquí. Si venía era precisamente para evitarle a ella y para evitarte estos momentos que son de los que ponen en peligro la razón.

Teresa.—¿Venías a hablarme en nombre de ella?

Ernesto.—Sí, Teresa. ¡Y ya imaginarás la urgencia! Yo, Ernesto, venía a hablarte a ti, en nombre del enemigo que... no lo habrás olvidado, ha sido siempre el mío.

Teresa.—Pero ¿venías a hablar en favor de ella?

Ernesto.—No, no en favor de ella. Recuerda que sólo por una

persona he abogado en mi vida: por ti. Ni siquiera he sabido hacerlo por mí mismo, contigo. Aunque tal vez no lo hice por temor de fracasar o por llevar dentro de mí, de antemano, la seguridad de mi fracaso.

TERESA.—(*A media voz, con cariñoso reproche.*) ¡Ernesto!

ERNESTO.—Pero en cuanto supe que Hipólito ha decidido partir de aquí, contigo...

TERESA.—Viniste a impedirlo.

ERNESTO.—A impedirlo, no.

TERESA.—¿A qué entonces?

ERNESTO.—A aconsejarte que, si vas a partir, lo hagas sabiéndolo todo, con plena conciencia de lo que vas a hacer. ¡Ya ves que no excluyo la posibilidad de que, a pesar de todo, salgas de esta casa con Hipólito!

TERESA.—¿Y qué más?

ERNESTO.—No sé lo que Alicia y tú hayan hablado antes de que yo llegara, pero imagino que Alicia no ha hecho sino martirizarse, revolverse en su impotencia para decírtelo, y que sólo al fin, al verse perdida y, como a pesar suyo, te ha dicho...

TERESA.—(*Repitiendo en todo su sentido las palabras de Alicia.*) Que yo no podía sentir lo que ella sentía en ese momento...

(*Pero se detiene instintivamente, porque no soportaría, oyéndolo fuera de sí misma, el sentido de lo que Ernesto va a continuar, ayudándola.*)

ERNESTO.—"¡Algo que tú no has sentido ni sentirás jamás!" Y luego, cuando le dije que no podía salir de aquí sola, dijo:

TERESA.—"¡Que no está sola! ¡Que ya nunca estará sola!"

ERNESTO.—Eso es, Teresa. Habías comprendido. Ya ves cómo no he necesitado decírtelo y cómo ahora se te revela todo lo que había en ese grito.

TERESA.—¡Que tiene un hijo! ¿Un hijo de Hipólito?

ERNESTO.—Sí.

TERESA.—El único de los recursos de que no las hubiera creído capaces... ni de pensarlo siquiera.

ERNESTO.—Es verdad, Teresa.

TERESA.—Pero un hijo así concebido... (*Se detiene, expresando, con un gesto, que, al momento de decirla, su objeción no le parece válida.*)

ERNESTO.—Para ella, ahora, no es sino un hijo, su hijo.

TERESA.—¡Pero si Hipólito no ha vuelto a verla!

144

ERNESTO.—Con mayor razón. Es un hijo de ella, más que de Hipólito.

TERESA.—¡Un hijo todo suyo!

ERNESTO.—Eso es, Teresa.

TERESA.—Ahora descubro el sentido de cada uno de los actos y de las palabras de Alicia y por qué ahora "nada le importa lo que venga de fuera".

ERNESTO.—¿Dijo eso?

TERESA.—*(Con desolación infinita.)* Sí.

(Una pausa se dejará sentir. Ernesto tomará asiento en una silla de la izquierda y permanecerá inmóvil. Por la puerta del hall entrará Hipólito. Al ver a Ernesto y a Teresa lejos el uno del otro, siguiendo cada uno su pensamiento, se detendrá un instante y luego preguntará.)

ESCENA VII

Teresa, Ernesto, Hipólito

HIPÓLITO.—¿Pero qué pasa aquí, en esta casa? ¡Encontré la puerta de la calle abierta y ahora a ustedes dos callados, como si alguien hubiera muerto!

ERNESTO.—Pero ¡han dejado abierta la puerta otra vez!

HIPÓLITO.—¿Quiénes?

TERESA.—María, que salió hace un momento.

HIPÓLITO.—¿A estas horas?

TERESA.—Pero volverá en seguida.

HIPÓLITO.—¿No encuentran esto demasiado sombrío? ¿Quieren que encienda la luz del centro?

TERESA.—No, Hipólito. Así estamos bien.

HIPÓLITO.—*(Acercándose a Ernesto, por detrás de la silla. Poniendo una mano sobre el hombro de Ernesto.)* No sabía que estuvieras aquí; de otro modo...

ERNESTO.—*(Sin volver la cabeza.)* ¿Me habrías esperado, verdad?

TERESA.—*(Adelantándose a responder.)* No lo sabía, Ernesto. Se me olvidó decírtelo, Hipólito. Hemos hablado sobre muchas cosas y luego...

ERNESTO.—Ya lo has visto; hemos guardado silencio, siguiendo cada uno sus pensamientos.

TERESA.—*(Después de breve pausa, frotándose los brazos.)* ¿Hace frío, o soy yo quien lo tiene?

145

Hipólito.—En la calle no hace frío, pero aquí no me extraña que lo sientas. En esta casa, sobre todo en esta sala, siempre se siente frío.

Ernesto.—(*Se pone en pie y sin dirigirse a nadie.*) Es verdad: aquí se siente frío. Estás temblando, Teresa. Ponte tu chal.

(*Hipólito se dispone a tomar el chal para darlo a Teresa, pero hay algo que se lo impide en el ademán de Ernesto que interrumpe el movimiento de Hipólito. Ernesto lo toma.*)

Te lo pondré yo mismo. (*Lo hace.*) Y ahora, Teresa, adiós.

(*Se despide estrechando la mano de Teresa. Teresa lo mira y baja la cabeza. Hipólito estará en el centro y al fondo de la sala.*)

Hipólito.—(*En un impulso, queriendo detener a Ernesto con una cortesía.*) Pero ¿por qué no te quedas más tiempo, Ernesto?

Ernesto.—(*Fríamente.*) No querrás detenerme ahora, después de haberme evitado en estos tres últimos meses. (*Hipólito va a hablar.*) Y no te disculpes, no digas una sola palabra. Nuestras faltas no lo son verdaderamente sino cuando pretendemos justificarlas con la razón o borrarlas con la mentira. (*Y sin mirarlo un momento siquiera, se dirige a la puerta del vestíbulo y sólo en el momento de salir se volverá un instante a ver a Teresa al tiempo que dirá.*) Adiós, Teresa.

ESCENA VIII

Teresa, Hipólito

(*Se verá a Teresa, inclinada, acariciando lentamente el terciopelo del asiento del sofá, como al final del primer acto. Hipólito hablará de modo anhelante, contrastando su tono de voz con el de Teresa: seguro de sí. Sin darse cuenta, Hipólito no se atreve a acercarse a Teresa; algo que presiente lo detiene.*)

Hipólito.—Pero ¿qué ha pasado entre ustedes?
Teresa.—Entre nosotros, nada.
Hipólito.—Entonces ¿por qué los he encontrado así, en ese silencio?
Teresa.—¿Quieres decir que nuestro silencio te ha sorprendido?
Hipólito.—Es claro.

146

TERESA.—¿Y que hubieras preferido encontrarnos hablando de cosas sin importancia?

HIPÓLITO.—O de lo que fuere, Teresa. Pero no así.

TERESA.—Cuando las palabras lo han ocultado o lo han dicho todo, aún nos queda el silencio que habla mejor y más profundamente que ellas. ¡Y no lo digo por Ernesto sino por mí! Esta tarde he hablado, he hablado sin parar, creyendo estar explicándome a mí misma y a los demás. ¡Inútilmente! ¡Y ha bastado un grito, y un silencio, para comprender!

HIPÓLITO.—¿Para comprender qué cosa? ¡Dime de una vez lo que Ernesto ha venido a decirte!

TERESA.—Nada, Hipólito. Desde luego, nada de lo que teme tu conciencia culpable.

HIPÓLITO.—¿Quieres decir que te has arrepentido?

TERESA.—Eso es; estoy arrepentida.

HIPÓLITO.—También yo lo estoy. Y eso precisamente quería decirle a Ernesto, hace un momento, pero ya has visto que no me dejó hablar.

TERESA.—¿Y se puede saber de qué te has arrepentido?

HIPÓLITO.—De lo mismo que tú: de no haberle confiado nuestros deseos y nuestra decisión de partir. Estoy seguro de que Ernesto habría comprendido.

TERESA.—La idea de ese viaje fue como un mal sueño, Hipólito. ¡Y he despertado!

HIPÓLITO.—(*Acercándose.*) ¿Quieres decir que no...? (*Se interrumpe.*)

TERESA.—Que no partiremos, que yo, al menos, no saldré de esta casa jamás.

HIPÓLITO.—¿Pero qué pudo haberte dicho?

TERESA.—(*Sosegándolo con un ademán.*) Te repito que nada. Ernesto es mejor que nosotros y, desde luego, más lúcido.

HIPÓLITO.—¿Lo dices porque ha venido a cambiar tus ideas por otras, por las suyas?

TERESA.—Lo digo porque, con su actitud de hace un momento, porque con el silencio en que nos sorprendiste, me ayudó a acabar de comprender.

HIPÓLITO.—Que no debemos... (*Se interrumpe.*)

TERESA.—Que no debemos partir. Pero no es eso todo lo que he comprendido, Hipólito. Ahora que se ha extinguido esa cortina de fuego que me impedía ver, deslumbrándome, no puedo verte —óyelo bien— sino como a un hijo.

HIPÓLITO.—¡Qué estás diciendo, Teresa!

147

TERESA.—Como al hijo que, estéril, no pude darle a tu padre, ni tener para mí... Como al hijo que, en momentos como éste y para evitarlos, debería estar a mi lado, para acompañarme siempre en la soledad que ya veo abrirse delante de mí como una sombra y en la que entraré sola, para siempre.

HIPÓLITO.—¡Teresa!

TERESA.—(Sin oírle.) Como al hijo que tú no has querido, que tú no has podido ser jamás, ni de pequeño cuando te enseñaron a odiarme ni ahora que dices que me quieres.

HIPÓLITO.—Eso es, precisamente: ¡te quiero!

TERESA.—Pero no de ese modo, como lo piensas ahora.

HIPÓLITO.—Como lo hemos pensado juntos, Teresa.

TERESA.—No, no es así como debes quererme. Y no me culpes si te digo que en este momento preferiría que me odiaras como cuando eras niño y vigilabas todas mis acciones, reprobándolas; cuando cada una de mis palabras y de mis caricias te herían dolorosamente.

HIPÓLITO.—¡Ahora es cuando me hieres!

TERESA.—Reflexiona un momento y me darás la razón en que debes preferir las heridas que te hago ahora, como yo debí conformarme, sin pretender transformarlas, con las que me hiciste cuando eras niño, y no una sola herida irreparable, que ni siquiera nos causaría la muerte y que tendríamos que llevar abierta y ocultarla como una llaga, toda la vida.

HIPÓLITO.—(En un último impulso para hacerla volver atrás.) ¿Pero es que ahora quieres borrar con las palabras, que, tú misma acabas de decirlo, sólo sirven para ocultarnos, toda una promesa de dicha, para los dos, fuera de aquí?

TERESA.—¡Fuera de aquí, pero no aquí! ¿No es eso? Abre los ojos, Hipólito, y sin decir palabra, mira cualquiera de los objetos de esta sala: esa silla que tu padre ocupaba siempre a la hora en que diariamente venías a decirle las buenas noches, antes de ir a acostarte; este sofá adonde hurtándome la cara tenías que acercarte para tenderme la mano blanda y esquiva; o esa cortina que te servía para asomarte y saber —sin que yo te viera— si estaba yo en la sala, para no entrar en ella.

HIPÓLITO.—¡Pero, Teresa...!

TERESA.—Y respira, Hipólito; respira como ahora respiro. Si el aire es el mismo; si tampoco el aire ha cambiado. Si el tiempo se ha detenido aquí, y nosotros con él. Si yo he seguido y sigo siendo la misma, luchando como entonces por conquistar tu cariño de hijo.

(Y lo acaricia con una caricia maternal, que Hipólito rechazará instintivamente, como cuando era niño.)

Hipólito.—*(Poniéndose de pie.)* ¡No, así no!

Teresa.—*(Triunfante en su amargura.)* ¡Ya lo ves, Hipólito! ¡Has rechazado mi caricia del mismo modo que antes! Tampoco tú has cambiado.

Hipólito.—¡Yo he cambiado, he crecido!

Teresa.—Has creído cambiar, Hipólito, has creído crecer. Y, no obstante, ha bastado con que te haya hecho respirar la atmósfera de esta sala para que volvieras a sentirte niño y a volver a hallar en mí a la intrusa.

Hipólito.—¡No es eso, no!

Teresa.—¿Vas a decirme que en todo este tiempo, aquí, a solas, no lo has sentido?

Hipólito.—*(Mintiendo.)* No, Teresa, no lo he sentido.

Teresa.—Entonces, ¿qué fue lo que nos detuvo? Y ¿qué otra explicación podrías dar a ese deseo, a esa urgencia de salir de esta casa? ¡Querías huir de aquello de que no es posible huir: de tu infancia, de la imagen que, aun en contra de tu voluntad, has seguido guardando de mí, de la ausencia presente de tu padre!

Hipólito.—Si he querido salir es, precisamente, porque nuestra vida está fuera de aquí, lejos de estas cosas.

Teresa.—Y porque, alejándote de todo esto, ibas a borrarlo todo. ¡Y qué son estos objetos que podemos abandonar o destruir, junto a una palabra, a un gesto, no sólo míos sino tuyos, que no podemos destruir ni abandonar jamás, y que en cualquier lugar o en cualquier momento nos acusarían mortalmente! ¡Y no hablo de los recuerdos más íntimos! ¡Ni de los míos ni de los tuyos que tan cuidadosamente hemos evitado nombrar!

(Hipólito se deja caer, abrumado, en la silla de la izquierda. Pausa breve.)

Tu vida está fuera de aquí. No la mía. No puedo pensarme siquiera fuera de aquí, de estos muros, de estos objetos, de estas alfombras donde he echado raíces, ya para siempre. *(Pausa.)* Para ti, aún es tiempo. ¡Vete! Y ahora por tu propia decisión, no como cuando tu padre te mandó fuera, a instancias mías.

Hipólito.—*(Alzando la cabeza.)* Pero ¿fuiste tú?

Teresa.—Sí, Hipólito, yo. Y ahora te digo que te vayas, para no regresar. Todo ha cobrado su verdadero sentido para mí, ahora. ¿Recuerdas que el mismo día que regresaste, al oír la voz de Alicia que te llamaba desde fuera, te dije, a pesar de que una palabra mía habría bastado para retenerte: "¡Anda con ella!" Ahora te lo repito: ¡Anda con ella!

HIPÓLITO.—¡Con ella, nunca!

TERESA.—¡Y no obstante, Alicia...!

HIPÓLITO.—¡Pero cómo puedes decirme que me vaya con ella! ¡Si tú supieras!

TERESA.—¡Y crees que si no lo supiera todo, te diría que te fueras!

HIPÓLITO.—¿Pero cómo has podido saberlo? Te lo ha dicho Ernesto, ¿verdad?

TERESA.—Ni Ernesto, ni Alicia que estuvo aquí.

HIPÓLITO.—(*Después de un momento de suspensión.*) ¿A decírtelo?

TERESA.—Que estuvo aquí a decírmelo, pero que no pudo, que salió sin decírmelo. Entonces comprendí que Alicia tenía un hijo, un hijo tuyo.

HIPÓLITO.—Mío no; un hijo de sus planes para alejarme para siempre de ti. Un hijo sin padre.

TERESA.—Eso es; un hijo sin padre.

HIPÓLITO.—Porque yo no volveré jamás; ¡porque se quedará sola para siempre!

TERESA.—(*Con la más concentrada mezcla de angustia y de rencor le dirá.*) ¡Pero no comprendes que, aunque tú no vuelvas con ella, Alicia ya nunca estará sola; que tendrá un hijo suyo, todo suyo...! (*Y luego, suavizando la voz de modo que aunque ordena parecerá que suplica, señalando a Hipólito la salida.*) ¡Anda! ¡Anda!

HIPÓLITO.—...¡Me iré! ¡Pero no con ella!

(*Y se dirigirá lentamente hacia la salida del vestíbulo. Y todavía irá deteniéndose, sin volverse, bajando cada vez más la cabeza, oyendo a Teresa decir.*)

TERESA.—Anda... Anda... Que yo debo quedarme aquí... sola... en esta casa, la casa de tu padre... "mi casa".

(*Hipólito saldrá en ese momento. Teresa lo verá salir, y luego, volviéndose al frente, sin poder resistir el supremo esfuerzo que quiere imponerse, llorará inmensamente mientras dirá.*)

¡Y ahora no debo... no debo llorar!

TELÓN

La mujer legítima

PIEZA EN TRES ACTOS

PERSONAJES

SARA
MARTA
CRISTINA
RAFAEL
ÁNGEL
LUIS
PEDRO
UNA CRIADA

En la ciudad de México. Hoy

ACTO PRIMERO

La sala de la casa de Rafael y de sus hijos Marta y Ángel. Todo en ella hace ver que sus dueños son personas no sólo acomodadas sino de un buen gusto sin caídas. La sala es espaciosa y tiene el carácter de las casas del México porfiriano, que aún lo preservan cuidadosa aunque excepcionalmente. El ajuar es de estilo Luis XVI; el candil del centro; las lámparas veladoras —que aparecerán encendidas—, sobre la mesa del primer término, en la que habrá un retrato de la madre de Ángel y Marta; las consolas y los cuadros corresponden a la línea dominante de ese estilo.

A la izquierda, una puerta amplia que da al vestíbulo; otra puerta al fondo, que da al comedor y dos más a la derecha que conducen a las habitaciones y a la biblioteca.

Es de noche. Una vez que se ha dado tiempo para que la sala deje ver su forma y su carácter, por la puerta del centro entrará Marta, descompuesta, colérica, al borde del llanto. Se dirigirá al primer término y se dejará caer en el sofá del estrado, a la derecha. En seguida de Marta, aparecerá Ángel, de veintitrés años, dos o tres años menor que su hermana, dirigiéndose, solícito y nervioso, a ella.

151

Ángel y Marta

Ángel.—¿Te das cuenta de lo que estás haciendo, Marta?

Marta.—*(Con energía.)* ¡Claro está que me doy cuenta!

Ángel.—Y, no obstante, ¿lo haces?

Marta.—No puedo, no puedo soportar que se hable de ella; al menos, no como ahora se ha hablado. Ya lo sabes. ¡Y menos aún el modo como has hablado tú! ¡Es incomprensible!

Ángel.—Pero... ¿es que quieres enterar a Cristina de todo?

Marta.—¿De todo lo que me repugna, de todo lo que me enferma? Cristina ya lo sabe. Le he contado todo. Más valía que lo supiera por mí que por los demás. Tarde o temprano...

Ángel.—Vuelve a la mesa, Marta.

Marta.—Ya he terminado de cenar. Déjame sola. O, mejor, dile a Cristina que la espero en mi cuarto. *(Se dispone a salir por la derecha.)*

Ángel.—Un momento, Marta. Esta actitud tuya no puede continuar. Y no lo digo por mí, sino por mi padre, y por ti.

Marta.—¿Vas a convencerme ahora de que si tratas de calmar mi indignación es también por mí?

Ángel.—Hazlo por él, al menos.

Marta.—¡Por él, que no contento con haberla sostenido tantos años, en vida de nuestra madre, la trae ahora aquí, a la casa! ¡Estás loco, Ángel!

Ángel.—¡Si yo fuera el único, Marta! Pero si siguen así las cosas, acabaremos por enloquecer todos. *(Transición.)* ¿Crees que yo estoy encantado, Marta? ¿Me crees insensible?

Marta.—Si no es así, como lo pienso, ¿por qué apruebas todo lo que dice papá acerca de ella? ¿Por qué, sin conocerla, hablas de ella con una familiaridad —eso es, con una familiaridad— que debería avergonzarte, si aún te acordaras de mamá?

Ángel.—No sigas, Marta. Si lo hago, admitiendo que lo hiciera, es por él. ¿No has visto que apenas si levanta los ojos frente a nosotros, frente a ti sobre todo, porque sabe que lo juzgas?

Marta.—Y que no lo perdono.

Ángel.—Eres fría y dura, Marta. Tal vez no tengas, tal vez no tengamos razón ni derecho para juzgar a nuestro padre.

Marta.—¡Yo sí los tengo!

Ángel.—Vamos, Marta, modérate. Haz un esfuerzo y vuelve al comedor. "Anda a ver qué le pasa a Marta, y dile que vuelva a tomar el café con nosotros", me dijo. Además, creo que quiere hablarnos.

MARTA.—Pero yo no he de oírlo.

ÁNGEL.—Piensa que, además, has dejado a Cristina en una situación...

MARTA.—Cristina me comprende.

ÁNGEL.—¡Y tu hermano no te comprende!

MARTA.—Exactamente.

ÁNGEL.—Si te comprendiera, sería tan duro y tan injusto, tan inflexible como tú. ¿Eso te gustaría?

MARTA.—En este caso, sí. Pero es inútil, Ángel. Nos han enseñado a querernos, no a comprendernos. ¿No nos han mantenido alejados, no nos educaron aparte y lejos de nuestros padres? Por lo demás, así somos todos los hermanos: vivimos ignorándonos. ¿Qué sé yo de tus pensamientos? ¿Y qué sabes tú de los míos?

ÁNGEL.—Es posible que, en este caso, sea lo mejor.

MARTA.—Es posible. (*Con una cólera que se nutre de sus propias palabras.*) Pero, si así piensas, ¿por qué no vuelves tú al comedor? ¡Pon en juego tu inteligencia, inventa cualquier cosa... para que papá no sufra! ¿Se preocupa él por no hacerme sufrir? ¡Respóndeme! ¡Respóndeme!

ÁNGEL.—Cálmate Marta, estás fuera de ti.

(*Coincidiendo con las voces alteradas de Marta, entran, por el centro: Cristina, primero; luego, Rafael. Cristina es, más o menos, de la edad de Marta. Rafael tiene cincuenta años. Es un hombre mesurado, distinguido, y que pronto inspira simpatía.*)

ESCENA II

Marta, Ángel, Cristina, Rafael

CRISTINA.—¡Qué pasa, Marta! ¿Qué tienes?

ÁNGEL.—No es nada.

RAFAEL.—Marta, ¿te sientes mal?

MARTA.—Ya han oído lo que dice Ángel: que "no es nada".

(*Y haciendo un esfuerzo por contenerse, afirmándose, sale por la derecha. Cristina mira alternativamente a Rafael y a Ángel. Luego, se dirige a la puerta por donde salió su amiga; va a salir.*)

Ángel, Rafael, Cristina

RAFAEL.—Un instante, Cristina, se lo ruego. (*Cristina se detiene.*) Me hará usted el favor de quedarse un momento con Ángel y conmigo. Después yo mismo le pediré que vaya a reunirse con Marta y que le diga lo que yo me había propuesto decirle. ¡Ya ve usted que no ha querido quedarse! Marta es muy inteligente, tal vez demasiado inteligente, y, desde el principio de la cena, adivinó que yo quería hablarle de algo que sé que le disgusta, pero que es inevitable y que tiene que saberlo.

CRISTINA.—¿Quiere usted que le diga que venga?

ÁNGEL.—(*A Cristina, escéptico.*) ¿Crees que Marta vendrá?

RAFAEL.—Ángel tiene razón. Es inútil, Cristina. Al menos por el momento. Prefiero que usted se lo diga todo después, a solas. Usted no es sólo su mejor amiga, su compañera de colegio, su confidente. Todo eso, con ser bastante, no me autorizaría a pedirle que le hablara a Marta en mi nombre si no fuera porque, muy pronto, puesto que el hermano de usted y Marta han decidido casarse, usted entrará en la familia, en el círculo de familia que, como dice Ángel, y no sólo de la mía sino, en general, de todas, es un círculo vicioso. Tranquilícese, Cristina. El padre de una fierecilla no es necesariamente un animal feroz. Y ahora dígame que va a escucharme tan atenta y dulcemente como yo hubiera querido que Marta me escuchara. Entrecerraré los ojos y me engañaré pensando que usted es mi hija.

(*Rafael ha llevado a Cristina hacia la derecha y la ha invitado a sentarse. Ángel toma siento en un sillón de la izquierda. Rafael ocupa un sillón del centro, y, conforme lo ha anunciado, entrecerrando los ojos, continuará.*)

No voy a repetirles lo que ustedes ya saben. He venido preparando este momento que inevitablemente tenía que llegar. (*Pausa breve.*) Sara vendrá esta noche a conocer a ustedes.

(*Ángel se pone, súbita, involuntariamente, de pie. Cristina baja la cabeza. Rafael ha advertido la reacción de Ángel.*)

Recuerda que sólo he prometido entrecerrar los ojos. Toma asiento, hijo mío.

ÁNGEL.—Perdón, papá.

RAFAEL.—(*Con el tono de sinceridad que es el suyo, más profundo ahora, tal vez.*) ¡Si soy yo quien les pide perdón! No he hecho otra cosa interiormente desde que, óiganlo bien, por la felicidad de todos y no sólo por mi felicidad, decidí legitimar mi situación con Sara. Creo que los dos: Marta y, tú también, Ángel, se han apresurado a condenarla, aún sin conocerla.

ÁNGEL.—(*Vivamente, con rencor.*) Yo no tengo ninguna opinión de ella.

RAFAEL.—Ésa es ya una opinión, hijo mío.

ÁNGEL.—(*Con rencor.*) ¡Yo he aceptado todo!

RAFAEL.—Como se acepta lo irremediable, ¿no es así? (*Ángel no contesta. Toma asiento otra vez.*) Sara y yo nos casamos hace cinco días por la iglesia, en Cuernavaca. ¿Lo sabías, Ángel?

ÁNGEL.—Sí.

RAFAEL.—¿Y Marta lo sabe, Cristina?

CRISTINA.—Sí.

RAFAEL.—Y nos casaremos por lo civil en cuanto Sara determine la fecha. Y nos casaremos aquí, en esta casa. Y quiero —y conste que no escojo para decirlo palabras menos suaves—, "quiero" que Marta y tú, Ángel, estén presentes en la ceremonia del matrimonio civil.

ÁNGEL.—No sé qué dirá Marta.

RAFAEL.—Marta estará en el sitio en que debe estar: aquí. (*Breve pausa.*) No me habría gustado, lo confieso, que todo esto lo tomaran ustedes con indiferencia, pero, al mismo tiempo, ¿no comprenden que el otro extremo, el de la tragedia, en que sobre todo Marta se ha colocado, es injusto y cruel para mí? No he hecho nada que no sea natural. En vida de tu madre...

ÁNGEL.—(*Interrumpiéndolo, vivamente herido.*) ¿Quieres que mejor no la nombremos?

RAFAEL.—¿Por qué no he de nombrarla si no voy a empañar siquiera su memoria? En vida de tu madre yo oculté, en la medida de mis fuerzas, que fuera de aquí, lejos de tu madre y de ustedes, tenía yo otro afecto. No lo oculté por vergüenza —entendámonos—, porque no hay afectos auténticos que tengan por qué esconderse avergonzados, sino por consideración a tu madre y a ustedes. Yo no sentía, como no lo siento ahora, temor a eso que llaman "el qué dirán", de eso que llamamos la sociedad. Pero bastaba el hecho de que tu madre lo sintiera para que yo le evitara cualquier molestia.

ÁNGEL.—Y no obstante... (*Ángel se interrumpe.*)

RAFAEL.—Tu madre era tan susceptible, tan imaginativa, que...

ÁNGEL.—*(En pie, nuevamente.)* ¡No sigas, papá!

RAFAEL.—*(Aquietándolo, con un ademán, sin alterarse.)* Espera, hijo... Que, tú bien lo sabes, puesto que yo te lo he dejado entrever, se complacía en exagerar ese temor y en provocarlo, provocándome.

ÁNGEL.—Si estás seguro de que todo eso lo sé, ¿por qué te empeñas en repetírmelo ahora, aquí, delante de Cristina?

RAFAEL.—*(Aquietándolo nuevamente.)* ¡Delante de Cristina! ¿Has heredado, mi pobre Ángel, ese temor al "qué dirán"? Cristina es como de casa. Y, además, puesto que Marta no está presente, he decidido...

ÁNGEL.—*(Cortándole la frase.)* Ya lo has dicho: has decidido que Cristina se lo diga después a Marta.

RAFAEL.—Justamente.

ÁNGEL.—¿Y no habría bastado con que todo eso me lo dijeras a mí? Yo se lo habría repetido a Marta.

RAFAEL.—No estoy de acuerdo contigo en esto último. ¡Marta se parece a tu madre! ¿No es verdad, Cristina, que se lo decía a usted hace un momento?

CRISTINA.—Sí, es verdad.

RAFAEL.—Y tú, Ángel, ¡eres tan parecido a mí!, que habrías acabado por pedirle a Cristina —como lo hago ahora— que le diera esa "mala noticia" a Marta. ¿Dime si no es cierto?

(Ángel toma asiento lentamente. Rafael sonríe y luego, entrecerrando los ojos, continúa.)

No se te escapará, a ti, Ángel, que yo habría podido seguir viviendo con Sara, como hasta ahora he vivido. Pero hay dos razones por las que he decidido modificar esa situación. La primera es de un carácter íntimo, personal, que tal vez ustedes no comprenden o que, por lo menos, no quieren comprender.

(Al principio de este parlamento, entra Marta rápidamente, por la derecha. Al oír al padre se detiene de pronto y se quedará inmóvil, sin hacer ruido. Ángel, que la ha visto entrar, hace un movimiento; Cristina, al ver el movimiento de Ángel, volverá la cabeza hacia Marta; don Rafael, que se ha dado cuenta, por ambas reacciones, de la entrada de su hija, contiene suavemente con las manos cualquier interrupción y, sin volver la cabeza, continúa.)

Cristina, Rafael, Ángel, Marta

RAFAEL.—Se explica o se explicaría, si ustedes pensaran, sencillamente, que yo amo a Sara, y que creo justo darle mi nombre públicamente. La segunda razón es la que toca más directamente a ustedes, a Marta sobre todo. ¡Tantas veces me ha reprochado, en vida de tu madre y después, lo que ella llamaba mi otra vida, mi otra casa, mi otra mujer, que ahora que es posible voy a ser el hombre de una sola vida, de una sola casa, de una sola mujer! Esto, que en un principio puede parecerles terrible, es por el bien de todos y no sólo por el mío egoísta. Nadie podrá decir que tengo otra mujer; nadie podrá decir a Marta que es la hija de un hombre que vive irregularmente. No quiero que tengan nada que reprocharme. Ya sé que tú, Ángel, no lo haces, al menos que no lo haces abiertamente. Tan luego como yo haya acabado de poner en orden lo mío, Marta se casará con Luis cuando y como quiera, y, una vez casada, quedará en libertad de seguir tratando o no a mi esposa.

(Marta se ha ido acercando silenciosamente al sillón en que se halla Rafael. Éste, sin mover la cabeza.)

¿Estás aquí, Marta?

MARTA.—Sí, papá.

RAFAEL.—¿Y has oído...?

MARTA.—Todo o casi todo.

RAFAEL.—¿Y has pensado algo?

MARTA.—*(Dulcemente.)* Hace un momento venía a decirte algo que, después de oírte hablar, como hablabas a Ángel y a Cristina, ya no tiene sentido. Ahora he cambiado de parecer y quiero decirte una sola cosa.

RAFAEL.—Dila... cualquiera que sea.

MARTA.—*(Acariciando sinceramente a Rafael.)* Que nunca, suceda lo que suceda, dejaré de tener presente que eres mi padre.

RAFAEL.—*(En pie, conmovido, besando a su hija.)* Gracias, hija. Ya sabía que comprenderías. Gracias a usted, Cristina, que me ha oído con una sumisión filial. ¡Y tú, dame un abrazo, Ángel! *(Ángel y Rafael se abrazan.)* Y ahora creo que ya es tiempo de que vaya a esperarla; ahora que estoy tranquilo, ahora que tengo confianza y que me siento capaz de infundirla a Sara también. ¡Hasta pronto!

(*Rafael sale por la izquierda. Apenas ha salido, Marta se aleja pensativa del grupo que formaba con Ángel y Cristina.*)

ESCENA V

Cristina, Marta, Ángel

CRISTINA.—(*Acercándose a Marta.*) Me alegro, Marta.

MARTA.—(*Cortándole, con voz ruda, una posible segunda frase.*) ¿De qué te alegras?

CRISTINA.—(*Desconcertada.*) De que hayas dado a tu padre el gusto... (*Se interrumpe.*)

MARTA.—(*Sin ocultar su odio.*) De que la traiga aquí, ¿no es eso? Pues bien, Ángel, y tú, Cristina, sepan de una vez por todas que, como dice papá, he comprendido..., pero que no he aceptado.

ÁNGEL.—¿Qué has comprendido? ¿Qué no has aceptado?

MARTA.—He comprendido que no era el momento de oponerme, de resistir, puesto que su decisión era inflexible. Con mi anuencia o sin ella... Pero no olviden que soportar algo no quiere decir aceptarlo. (*Luego, a media voz, casi para sí.*) ¡No he aceptado; no aceptaré!

(*Ángel y Cristina, después de ver a Marta, cambian una mirada rápida. Luego se alejan. Pausa breve. Por la izquierda entrará Luis, tiene cerca de 28 años, y es alegre y desenvuelto. Se mostrará sorprendido al ver a cada uno por su lado, solo con sus pensamientos.*)

ESCENA VI

Marta, Cristina, Ángel, Luis

LUIS.—(*Después de una suspensión momentánea.*) Los encuentro justamente al revés de como esperaba encontrarlos. Acabo de ver a don Rafael y creía...

ÁNGEL.—¿Qué te ha dicho mi padre?

LUIS.—Antes que nada, me ha dado un abrazo. Parecía tan contento.

MARTA.—*(Con voz cortante.)* ¡Y lo está!

LUIS.—¿Qué tienes, Marta?

MARTA.—Pregúntale a mi hermano y te dirá que no es nada, "que no tengo nada".

ÁNGEL.—¿Qué te ha dicho mi padre?

LUIS.—Que se alegraba de verme, que le daba mucho gusto que hubiera venido esta noche y precisamente a esta hora.

MARTA.—¿Nada más?

LUIS.—A mí me parece bastante.

MARTA.—Y, sin embargo, no es bastante. Si lo has encontrado tan contento, tan efusivo, es porque esta noche, dentro de un momento, vendrá "ésa" a conocernos.

ÁNGEL.—No hables así, Marta. Debes darte tu lugar.

MARTA.—No encuentro otra manera de darle a ella el suyo.

LUIS.—No te pongas así, Marta. Todos sabíamos que un día u otro ella tendría que venir.

MARTA.—*(Herida.)* ¿También tú? Vamos a mi recámara, por favor, Cristina.

CRISTINA.—Yo creo que Luis y yo debemos irnos.

MARTA.—No ahora... te lo ruego, Cristina, acompáñame. No le daré al menos el gusto de que vea que he llorado por su culpa. Vamos.

(Marta va a salir, pero se detiene frente al retrato de su madre que está, enmarcado, sobre la mesa. Rápidamente, toma el retrato y sale seguida de Cristina, por la derecha. Luis pregunta con el ademán: "¿qué sucede?" Ángel se encoge de hombros y se sienta meditabundo, a la derecha.)

ESCENA VII

Luis y Ángel

LUIS.—Ahora comprendo el porqué de la alegría de tu padre.

ÁNGEL.—Y el porqué del abrazo. *(Pausa.)* Si yo tuviera alguna influencia sobre mi hermana, le diría que, puesto que no hay ningún remedio, no debería seguir torturándose.

LUIS.—Y torturando a los demás. ¿No es así?

ÁNGEL.—Eso es.

LUIS.—*(Acercándose a Ángel.)* Mejor confiesa que ya has tratado de convencerla y que has fracasado.

159

Ángel.—En efecto. Y se me ocurre que tal vez tú...

Luis.—¿Crees de veras que yo tengo algún ascendiente sobre Marta?

Ángel.—Estoy seguro.

Luis.—Pero yo estoy seguro de lo contrario. Ya sé que si Marta no fuera tu hermana, me preguntarías cómo, si es así, pienso casarme con ella. Te diría que, según dicen, el matrimonio opera milagros y que yo espero el de la transformación del carácter de Marta. Y que, en todo caso, una vez casados, aún me quedaría un remedio heroico.

Ángel.—¿El divorcio?

Luis.—No: la resignación. (*Ríe.*)

Ángel.—(*Lo mira seriamente. Luis deja de reír.*) Tú quieres a Marta, ¿verdad?

Luis.—(*Ahora seriamente.*) La quiero tal cual es, con la aspereza de su carácter, con su voluntad inflexible y dura. Y nada me daría más disgusto que verla cambiar, ablandarse, dulcificarse. ¿Comprendes?

Ángel.—Sí. Pero hay momentos... (*Se interrumpe.*)

Luis.—¿En que quisieras que dejara de ser como es?

Ángel.—Y sin embargo, en esos momentos en que deja de serlo, es cuando me da miedo.

(*Por la puerta del vestíbulo entran Rafael y Sara que, mientras Rafael enciende la luz del centro de la sala, quedará en el umbral. Sara tiene cerca de 35 años y es mujer que ha vivido intensamente, vertida siempre hacia sí misma. El cansancio de los rasgos de un rostro agradable y aún bello se muestra a veces y como a pesar suyo. Viste, con la más certera de las formas de la elegancia —con una sencillez natural en la que en vano se buscaría algo encaminado no digamos hacia la opulencia sino hacia la simplicidad—, un traje oscuro.*)

ESCENA VIII

Rafael, Sara, Luis, Ángel, Pedro

Rafael.—Pasa, pasa. Voy a presentarte a mi hijo y a su mejor amigo.

Sara.—Espera. No me digas... (*Se dirige a los jóvenes, y, luego de verlos, tiende la mano a Luis.*) Usted es Ángel, ¿verdad?

Luis.—(*Tendiéndole la mano con desenfado, sonriendo.*) No, señora.

RAFAEL.—(*Divertido.*) Te equivocas, Sara. Pero la culpa es mía: debo de ser un mal retratista.

SARA.—(*A Rafael.*) Es posible. (*A Luis.*) Pero es que hay en la cara de usted algo que me pareció conocido, algo familiar que, por un momento, creí un parecido con Rafael.

RAFAEL.—(*Riendo.*) Un futuro parecido político, tal vez.

SARA.—(*Tendiendo la mano a Ángel.*) ¡Qué tonta soy! Tiene usted el mismo modo de entornar los ojos que Rafael, y la misma suavidad en las manos.

(*Ángel murmura imperceptiblemente algo que en el caso de llegar a oírse sería un cortés: "Mucho gusto". Sara se vuelve a abarcar con la mirada la sala.*)

Creo que me has descrito mejor la sala, Rafael. Todo está como me lo habías pintado. Cada objeto en su sitio. Y nada o (*deteniéndose un instante*), más bien dicho, casi nada, está fuera de sitio.

(*Rafael advierte que Sara alude al retrato de su primera esposa que estaba en la mesa —que Marta recogió poco antes y de cuya ausencia se ha dado cuenta.*)

RAFAEL.—(*Turbado.*) Voy a llamar a Marta y a Cristina, la hermana de Luis.

SARA.—(*Turbada también pero fingiendo naturalidad.*) Espera un momento. No ahora. Déjame respirar.

(*En dirección a las habitaciones, saliendo del comedor, Pedro entra en la sala. Es lo que pudiera llamarse un criado familiar. Tiene cerca de 60 años, pero aún se mantiene fuerte.*)

RAFAEL.—Pedro. Ven acá. (*A Sara.*) Es Pedro. Ha estado en la casa desde antes de que nacieran mis hijos. Es el conservador de la casa como podría serlo de un museo. Todos lo queremos tanto como sabemos que él nos quiere.

SARA.—(*A Pedro que se ha acercado discretamente.*) Me da mucho gusto oír hablar a Rafael de usted así como lo ha hecho, delante de usted, Pedro. Ya me había trazado, como de todos, su retrato a mí sola, y más de una vez.

PEDRO.—A sus órdenes, señora.

RAFAEL.—Anda a llamar a Marta y a Cristina.

161

PEDRO.—Con permiso de ustedes.

(*Pedro sale por la derecha. Hay un breve silencio que se rom-*
perá cuando Sara, que lo ha advertido, se decide a hablar.)

SARA.—(*A Ángel.*) Espero que no me guardará rencor por no
haber acertado.

LUIS.—(*Vivamente.*) Claro está que no.

ÁNGEL.—(*Al mismo tiempo que Luis.*) De ningún modo.

(*Sara y Rafael ríen de la respuesta simultánea. La risa contagia*
a Luis y más discretamente a Ángel. En ese momento, por la
puerta de la derecha entran Marta y Cristina. Se verá a Marta
firme y resuelta, en contraste con Cristina que se mostrará, a pesar
suyo, nerviosa. Al verlas entrar, Sara se pondrá en pie y avanzará
hacia ellas. Rafael la sigue para hacer las presentaciones. Sara se
dirige directamente a Marta.)

ESCENA IX

Rafael, Sara, Luis, Ángel, Marta, Cristina

SARA.—¡Usted es Marta! (*Y le tiende la mano que Marta,*
después de sostener la mirada a Sara, acepta.)

MARTA.—(*Secamente.*) En efecto, señora.

LUIS.—Mi hermana Cristina.

SARA.—(*Saludando a Cristina.*) Mucho gusto, señorita.

RAFAEL.—Ya conoces a todos. Porque Luis y Cristina com-
pletan el círculo de familia. No temas, Ángel, que no voy a des-
cubrirte diciendo, delante de Sara, cómo lo calificas.

SARA.—(*A Ángel.*) ¿Lo llama usted el círculo cuadrado?

LUIS.—Mucho peor que eso.

SARA.—(*Mirando a Marta, que ha permanecido inmóvil y seria.*)
¿El círculo impenetrable?

RAFAEL.—No; no es eso. Lo llama nada menos que el círculo
vicioso. Pero tomen asiento; tú, Sara, usted, Cristina.

CRISTINA.—(*Que se halla incómoda en esa situación.*) Muchas
gracias, don Rafael, pero Luis y yo tenemos que irnos; ya es tarde.

LUIS.—(*A Sara.*) Ya ve usted, señora, lo que es la tiranía familiar: mi hermana decide por los dos, sin consultarme.

CRISTINA.—He pasado aquí todo el día, acompañando a Marta,
y ya es hora de regresar a casa.

Rafael.—Como guste, Cristina. Se me ocurre que podíamos ir todos a acompañarlos.

Ángel.—Los llevaré en el coche, papá.

Marta.—Yo prefiero quedarme, me siento fatigada.

Rafael.—*(Como si no hubiera oído a Marta.)* Al menos hasta la puerta, para que conozcas el jardín, Sara.

Luis.—Magnífico.

Rafael.—¿Qué dices, Sara?

Sara.—*(Dulcemente.)* Que me gustaría quedarme unos momentos aquí. También yo me siento fatigada.

Rafael.—Como quieras. Me quedaré yo también.

Sara.—*(Mirando a Rafael, intencionadamente.)* Anda tú también a dejarlos. Marta y yo te esperaremos juntas.

Cristina.—*(A Sara.)* Buenas noches, señora.

Sara.—Buenas noches.

Luis.—Mucho gusto, señora.

Sara.—Ya no volveré a equivocarme: usted es Luis. *(Ríen Sara y Luis discretamente.)*

Ángel.—*(Desde lejos.)* Con su permiso.

Luis.—*(A Marta.)* Hasta mañana.

Marta.—Sí, hasta mañana. *(A Cristina.)* Y tú no faltes mañana: te espero.

Rafael.—Volveré en seguida.

(Salen todos por la puerta de la derecha. Una pausa incómoda se tiende entre las mujeres que se han quedado suspensas e inmóviles: en guardia, Sara; esperando Marta el momento de agredir.)

ESCENA X

Sara, Marta

Sara.—No fue usted con ellos porque pensó que yo también iría; para no ir conmigo, ¿verdad?

Marta.—No he pensado nada, señora.

Sara.—*(Tomando asiento, a la derecha.)* Ya veo que usted no me quiere.

Marta.—No he dicho nada.

Sara.—Tiene usted razón.

Marta.—¿En no quererla a usted?

Sara.—También en eso. El afecto es algo que se conquista. Y ni usted ni yo hemos hecho algo, hasta ahora, por merecerlo.

163

MARTA.—Ahora es usted quien tiene razón.

SARA.—(*Dejando pasar las palabras hirientes de Marta.*) Tal vez sea demasiado pronto para empezar a conquistarlo.

MARTA.—O demasiado tarde.

SARA.—Para usted, tal vez. No para mí. He alcanzado todo en la vida, no a su tiempo, no, pero lo he alcanzado.

MARTA.—Otra vez tiene usted la razón.

SARA.—Y no deja de ser triste tenerla como la tengo ahora. Yo también he vivido momentos, ¡momentos!, como el que usted vive ahora, quemándome interiormente, aparentando frialdad ante lo que yo llamaba la crueldad de los otros, la injusticia de los demás. No le pido que piense en los años que viví esa tortura, pero nada me impedirá que yo comprenda y comparta lo que está usted sufriendo ahora, ante lo que, con toda razón, llamará usted mi crueldad y mi injusticia.

MARTA.—(*Irguiéndose.*) ¡Yo no sufro, señora!

SARA.—Quisiera creerla.

MARTA.—¡Le digo a usted que no sufro!

SARA.—Déjeme entonces, al verla y al comprenderla, sufrir por usted.

MARTA.—¿Va usted a compadecerme?

SARA.—(*Poniéndose en pie; cansada, al ver la actitud inflexible y desafiante de Marta.*) No sé si valga la pena.

MARTA.—¿Compadecerme?

SARA.—No he dicho eso. Compadecer a otra persona, padecer con ella, es siempre algo que vale la pena.

MARTA.—Entonces, ¿qué es lo que no vale la pena? ¿Hablar conmigo?

SARA.—Eso es. Al menos, hablar con usted del modo como lo estoy haciendo.

MARTA.—Y no obstante, si usted no ha salido con los demás, si usted ha invitado a mi padre a ir con los otros, fue para quedarse a hablar conmigo a solas.

SARA.—A hablar con usted, pero con el corazón y no con el odio en las manos.

MARTA.—Y a compadecerme, ¿no es eso?

SARA.—¡Si no la compadezco! Si más bien me compadezco a mí misma, que he sufrido por años lo que usted sufre por momentos, porque usted es joven y olvidará; y yo no sé si, a pesar de toda esta dicha que me ha llegado de pronto, podré olvidar la crueldad y la injusticia que tuve frente a mí tantos años. Ustedes eran entonces para mí la crueldad y la injusticia. Usted siente ahora

que yo soy esa crueldad y esa injusticia, ¿no es cierto? Y ahora...
(Se interrumpe.)

MARTA.—Termine usted.

SARA.—Y ahora que sabe usted que me doy cuenta de lo que sufre, por lo mismo que yo he sufrido, debe usted darme tiempo.

MARTA.—¿Tiempo de qué o para qué?

SARA.—Tiempo para demostrarle que cuando se ha sufrido como yo he sufrido no quedan fuerzas ni deseos para hacer sufrir a los demás voluntariamente.

MARTA.—*(Imponiéndose el deber de ser dura, otra vez.)* ¡Le he dicho a usted que yo no sufro!

SARA.—Si eso fuera verdad no me habría usted hecho pensar, reviviéndolo ante mí, el modo como sufrí cuando tenía sus años y después, hasta ahora.

MARTA.—*(Dulcificando la voz envenenada.)* ¿Quiere usted decir que ya no sufrirá más?

SARA.—Así lo esperaba.

MARTA.—Pero ya no lo espera, ¿verdad?

SARA.—*(Afirmándose.)* Así lo espero.

MARTA.—¿Y no cree usted que esa esperanza y esa voluntad de no sufrir más dependen no sólo de usted sino también de mí?

SARA.—Dependen, sobre todo, de usted.

MARTA.—Y no obstante, ha dicho usted que ya no sufrirá.

SARA.—*(Imponiéndose por la nobleza evidente de sus palabras, de su tono de voz y por la seguridad con que hablará.)* Sí. Porque usted no es tan cruel como aparenta serlo. Tengo todos los datos, todos los indicios posibles acerca de usted. Rafael me ha descrito tan minuciosamente el carácter de usted como me describió esta casa, esta sala, objeto por objeto. Sé lo que hay en ella, como sé cuanto hay en usted, y sé también lo que le falta.

MARTA.—Me gustaría saber lo que nos falta.

SARA.—En esta sala, por ejemplo, falta una sola cosa, un solo objeto. Usted sabe que falta el retrato de la madre de usted, el retrato que debería estar aquí, sobre la mesa, si usted no lo hubiera quitado. *(Con ansiedad.)* Porque usted ha sido quien lo ha quitado, ¿verdad?

MARTA.—*(Afirmándose, por última vez.)* ¡Claro está que lo quité yo!

SARA.—¡Lo ve usted! Si fuera verdaderamente mala, su primer impulso habría sido decirme que Rafael, que su padre, lo había quitado. Nada me habría podido herir como que él lo hubiera quitado. *(Pausa, en que se verá a Marta atónita y como suspensa.*

Luego hablará nuevamente.) También yo, en el caso de usted, impulsada a un tiempo por el celo y el respeto a mi madre, lo habría quitado. Cuando Rafael me habló de ese retrato que es para ustedes la imaegn de algo intocable, yo misma le pedí que no lo cambiaran de su sitio.

MARTA.—(*A media voz.*) ¿Y se puede saber por qué?

SARA.—(*Con energía, sin rencor.*) ¡Yo no he venido a esta casa —óigalo bien— como la rival de nadie! ¡Ahora soy la esposa de Rafael, como lo fue la madre de usted, con los mismos deberes y con idénticos derechos! Con el deber de respetar la memoria de la que fue la esposa de Rafael, y con el derecho a que se me respete. (*Pausa breve.*) ¡No, usted no es tan inhumana como quisiera usted serlo! ¡Ha sido un impulso muy humano y muy hermoso retirar de aquí ese retrato! ¡Pero ahora, Marta, que sabe usted lo que pienso, puede usted ponerlo otra vez en el sitio en que ha estado siempre... en el que estará siempre!

Marta, que ha estado en pie durante todo el diálogo con Sara, al oír las últimas frases irá apagándose y curvándose hasta sentarse es una silla. Y, ocultando la cara entre las manos, empezará a llorar silenciosamente. Sara la mirará con una mirada en que no habrá la menor sombra de piedad ni de triunfo sino una intensa y profunda comprensión.)

TELÓN

ACTO SEGUNDO

La misma decoración del acto primero. Tres meses después. Tarde. Marta aparece tendida en el sofá con un libro en las manos. Todo en ella, sus movimientos, su voz, tendrá en las dos primeras escenas del acto una desenvoltura, una naturalidad notables, en contraste con su actitud del acto anterior. Al levantarse el telón, termina Marta de hablar con Pedro que estará de pie frente a ella, de espaldas al público.

ESCENA I

Marta, Pedro

MARTA.—Eso es todo, Pedro. No lo olvides. Puedes retirarte.

166

(Pedro sale por la izquierda. Marta abre el libro, pero lo cierra en seguida. Se pone en pie para colocar el libro sobre la mesa, en el momento en que entra Sara por la derecha.)

Marta, Sara

SARA.—¿Espera usted a alguien, Marta?

MARTA.—No; es decir, sí.

SARA.—¿A Luis?

MARTA.—Luis vendrá como de costumbre, dentro de una hora; pero Cristina me anunció muy formalmente que vendrá hoy.

SARA.—Ya era tiempo.

MARTA.—*(Riendo.)* ¿De que se anunciara formalmente?

SARA.—No; de que viniera a verla, Marta, a vernos. Rafael me ha preguntado más de una vez por qué ya no la vemos aquí con la frecuencia de antes.

MARTA.—¿Y qué le ha contestado usted, Sara?

SARA.—Que no era a mí sino a usted a quien debía hacer la pregunta.

MARTA.—*(Riendo.)* Es curioso. . .

SARA.—¿Qué?

MARTA.—Que papá no me haya preguntado nada.

SARA.—Más curioso es que Rafael no le tenga a usted esa confianza, esa libertad que debería existir entre padres e hijos.

MARTA.—Que "debería existir", usted lo ha dicho. No ahora, sino siempre, papá no se ha atrevido a decirme muchas de las cosas que piensa o siente de mí.

SARA.—Tal vez por temor a molestarla.

MARTA.—Siempre me ha molestado más ese temor que la molestia que pudiera ocasionarme. Mi padre me cree una persona hermética, incapaz de confidencias, y la verdad es que, usted bien lo sabe, no lo soy tanto.

SARA.—Es verdad, al menos para conmigo, Marta, y se lo agradezco. Ahora puedo decirle que a mi llegada a esta casa temía, de parte suya, una alianza de usted con Luis y Cristina: ¡toda una conspiración!

MARTA.—*(Riendo con naturalidad.)* Ya ve usted que ha sido todo lo contrario: Luis se ha convertido en un excelente amigo suyo, y yo he dejado que Cristina haga su voluntad, sin procurar

167

alejarla o acercarla a usted. Si ella se ha alejado de aquí, de nosotros, de mí, es por razones que se me escapan, que ignoro.

SARA.—¿De veras, Marta?

MARTA.—No ha dejado de inquietarme la conducta de Cristina, su alejamiento de esta casa que era como la suya propia.

SARA.—Y Luis no le ha dicho nada: ¿alguna explicación, alguna excusa?

MARTA.—La única vez que le pregunté, me contestó en una forma que me hizo pensar que no quería o no debía darme una respuesta.

SARA.—¡Es incomprensible!

MARTA.—(*Después de una pausa breve.*) Y ¿a usted no le ha confiado nada?

SARA.—¿Quién?

MARTA.—Luis.

SARA.—No, nada. Si no lo ha hecho con usted...

MARTA.—Ésa no es una razón. Mi padre le ha preguntado a usted, y no a mí, en el caso de Cristina. ¡Qué de extraño tendría que Luis le hubiera dicho a usted, y no a mí, las razones por las que su hermana no ha vuelto en mucho tiempo! Actuamos siempre indirectamente.

SARA.—Y ése es nuestro pecado.

MARTA.—Tal vez... Pero, a veces, por una especie de timidez o de pudor, no es posible actuar abiertamente.

SARA.—Eso es lo que me parece un pecado. (*Pausa breve. Transición.*) Dígame, Marta, ¿no fue mejor que usted y yo habláramos, como lo hicimos hace tres meses, aquí, en esta sala, clara y abiertamente?

MARTA.—Estoy convencida.

SARA.—¿Entonces? ¿Por qué no ceder a lo que yo creo su verdadera naturaleza, Marta, a esa naturaleza que en vano quiere usted sustituir, a veces, por una frialdad impasible? Sea usted sencilla y comprensiva para con Cristina. (*Acercándose a Marta.*) ¿Me promete usted preguntarle a Cristina, dulcemente, las razones por las que no ha vuelto?

MARTA.—Es inútil que yo se lo prometa, Sara.

SARA.—¿Por qué?

MARTA.—Porque si viene a verme es para decírmelas. Sólo que... (*Ríe.*)

SARA.—Termine, Marta.

MARTA.—Sólo que no sé si la oiré, si le daré oportunidad de darme esas razones.

SARA.—Eso no estaría bien, Marta.

MARTA.—Tampoco está bien lo que ha hecho Cristina.

SARA.—Eso es verdad también.

MARTA.—No me lo ha de creer usted, Sara... pero he llegado a pensar algo que va a sorprenderla de pronto... He llegado a pensar que Cristina tiene celos.

SARA.—¡Celos! Pero... ¿de quién?

MARTA.—Sí, celos de... mí; por supuesto celos fraternales, por su hermano Luis.

SARA.—No creo. No entiendo.

MARTA.—Tal vez Cristina piensa que el día que Luis y yo nos casemos perderá a su hermnao definitivamente. Luis y Cristina han sido siempre uña y carne.

SARA.—Eso es increíble, Marta.

MARTA.—Increíble, pero no imposible. Se dan casos, y creo que éste es uno de ellos. ¿No se ha dado usted cuenta de que la ausencia de Cristina coincide con la proximidad de la fecha que habíamos fijado Luis y yo para nuestro matrimonio?

SARA.—¿Y por eso ha pospuesto usted esa fecha?

MARTA.—Sí... en cierto modo... ésa es una de las razones. tal vez la más poderosa. A ver si, de ese modo, Cristina regresaba... Y ya ve usted que no me equivoco: Cristina regresa.

SARA.—Vamos, Marta. ¿No cree usted que todo eso no es más que una fantasía imaginativa de usted?

MARTA.—Yo misma, al pensarlo, lo creía así, en un principio; pero ahora... la realidad me da la razón: ¡Carezco de fantasía! *(Ríe larga y sordamente.)*

SARA.—¡No, Marta, no ría usted así! Hay algo en su risa que... *(Se interrumpe.)*

MARTA.—¿Que le disgusta?

SARA.—No; que me desconcierta. De todo lo que pensaba encontrar en usted, de todo lo que encontré en usted el primer día de mi llegada a la casa, no ha quedado nada. Usted lo ha borrado con una inteligencia, con una suavidad, con una comprensión bondadosas. Pero ahora esa risa inesperada parece compendiar todo aquello.

MARTA.—*(Sumisa.)* No volveré a reír de ese modo, Sara. Se lo prometo... Yo no quiero más que complacerla.

(Por la puerta de la izquierda entrará Luis. Está nervioso, y, en ocasiones, no podrá ocultar su estado de ánimo.)

Sara, Marta, Luis

Luis.—(*Comentando la frase final de Marta.*) Eso está muy bien.

Marta.—(*Con naturalidad.*) ¿Qué es lo que está muy bien?

Sara.—Buenas tardes, Luis.

Luis.—(*Al tiempo que saluda a Marta.*) Que las encuentre en una de esas escenas de confidencia entre amigas; en una de esas escenas de las que los hombres no sabemos nada. Daría cualquier cosa por saber de qué hablaban.

Marta.—Es mejor que nunca sepan los hombres de qué hablamos las mujeres a espaldas suyas: si lo supieran, quedarían decepcionados.

Luis.—O, más bien, horrorizados.

Marta.—¿Sabes que Cristina ha anunciado, óyelo bien, anunciado, su visita?

Luis.—No sabía nada. Por el contrario... (*Se interrumpe.*)

Marta.—¿Por el contrario qué, Luis?

Sara.—(*Al ver que Luis no contesta.*) Hable usted con confianza, Luis, o me obligará a dejarlos solos.

Luis.—¡No, por Dios! Sólo que me parece extraño que Cristina no me haya dicho nada de venir. Por el contrario... (*Se interrumpe.*)

Marta.—¿Qué te ha dicho?

Luis.—Me dijo que no pensaba salir de casa.

Marta.—Es curioso.

Luis.—¡Que no salga de casa! Hace cerca de tres meses que no sale.

Marta.—De todos modos, es curioso, es extraño.

Luis.—¿Qué es lo curioso, Marta, qué es lo extraño? No hables por enigmas.

Marta.—Hace un momento querías saber de lo que hablábamos Sara y yo: pues bien, hablábamos de la posible solución de esos enigmas. Todo es ahora enigmático; y no sólo para ti. Pero Cristina vendrá de un momento a otro y tal vez nos traiga la verdadera solución. ¿Quieren dejarme sola cuando llegue Cristina?

Luis.—(*Nervioso.*) No lo creo necesario. No veo para qué.

Marta.—De otro modo, ni ustedes ni yo sabremos nada. No será cosa de mucho tiempo, no. Además, has llegado con una hora de anticipación, Luis. Si Cristina no me hubiera anunciado su visita, no me hubieras encontrado en casa; ésta es precisamente la hora de mi clase de inglés: y si he dejado de ir a mi clase es para hablar con tu hermana.

(Luis busca la mirada de Sara hasta encontrarla.)

SARA.—Tal vez tenga usted razón, Marta. Cristina no viene a hablar con nosotros sino con usted. Pero recuerde que me ha prometido hablar a Cristina con ese afecto que no debió enfriarse nunca. Recuerde que Cristina y usted han sido compañeras desde niñas, hermanas en los sentimientos, al menos. ¡Y cómo pensar siquiera que los afectos de infancia puedan borrarse o desaparecer! ¡Ningún afecto es tan fuerte!

MARTA.—*(Sonriendo naturalmente.)* Es verdad, Sara. Así lo haré. Se lo prometo. *(A los dos.)* Y no me interrumpan. Cuando haya acabado de hablar con Cristina iremos a buscarlos a la biblioteca.

(Acompañados por Marta, Luis y Sara se encaminan hacia la biblioteca, por la izquierda. Salen los tres. Se oye el golpe de una puerta que se cierra. Casi al mismo tiempo, Pedro llega por la izquierda acompañando a Cristina, que permanecerá en pie, en el centro de la sala. Cristina se halla nerviosa y consulta su reloj. Pedro sale por la derecha. Marta entra seguida por Pedro, que saldrá por la puerta del centro. Sólo en ese momento Marta hablará.)

ESCENA IV

Marta, Cristina

MARTA.—*(Con ironía.)* ¡Ya era tiempo, Cristina!

CRISTINA.—No sé qué decirte.

MARTA.—Y, sin embargo, has venido a decirme algo; de otro modo...

CRISTINA.—No habría venido.

MARTA.—Pero puesto que has venido... tendrás que decirme lo que piensas, lo que ya veo que no te atreves a decirme. *(Después de una pausa incómoda en que Cristina no se atreve a hablar.)* Piensa que no tenemos mucho tiempo... papá y Ángel vendrán dentro de una hora a lo sumo, y además...

CRISTINA.—*(Interrumpiéndola.)* ¿No ha venido mi hermano?

MARTA.—Sí, llegó hace unos minutos. Hoy es un día de sorpresas: Luis llega con una hora de adelanto y tú con dos meses y medio de retardo.

CRISTINA.—Pero y Luis ¿por qué no está contigo?

MARTA.—Porque está allí en la biblioteca.

CRISTINA.—¿Y Sara?

MARTA.—También en la biblioteca, acompañando a Luis. *(Marta no pierde de vista a Cristina. Transición.)* Pero supongo que no habrás venido a preguntarme dónde está cada uno de los de la casa.

CRISTINA.—Es verdad... Vengo a preguntarte por qué la fecha de tu matrimonio con Luis ha sido pospuesta.

MARTA.—¿Te desagrada?

CRISTINA.—Sí.

MARTA.—Creí que te agradaría.

CRISTINA.—¿Y has sido tú la de la idea?

MARTA.—Sí y no.

CRISTINA.—Explícate.

MARTA.—He sido yo la de la idea, pero no he sido yo quien ha dado motivo.

CRISTINA.—¿Qué quieres decir?...

MARTA.—Luis ha cambiado conmigo, Cristina. Eso es todo. Y creí conveniente para los dos, puesto que se trata nada menos que de nuestro matrimonio, darle tiempo y darme tiempo.

CRISTINA.—¿Tiempo de qué?

MARTA.—De que los dos estemos seguros de que ese matrimonio va a hacernos felices.

CRISTINA.—¿Tú no estás segura?

MARTA.—Lo estaría si no tuviera la impresión de que es Luis quien no está seguro. Acabo de decirte que Luis ha cambiado. Si tú no hubieras dejado de venir a la casa, te habrías dado cuenta... de que Luis no es el mismo.

CRISTINA.—¡Pero si yo no he vuelto es porque tú...!

MARTA.—Espera, Cristina. Tal vez en un principio, y por el estado en que me hallaba cuando llegó Sara, me porté contigo fríamente. No dudo que haya llegado a darte la impresión de que yo quería romper nuestra amistad... Pero ya veo en tu cara que no quieres oírme hablar de esto, porque no has venido a eso.

CRISTINA.—Es verdad.

MARTA.—Dime, Cristina, ¿te ha pedido Luis alguna vez que volvieras a esta casa como antes?

CRISTINA.—En un principio sí.

MARTA.—Pero después ya no, ¿verdad?

172

CRISTINA.—Tienes razón.

(*Marta ríe con la misma risa que desconcertó hace unos momentos a Sara.*)

MARTA.—¿Lo ves?

CRISTINA.—¿Qué quieres que vea?

MARTA.—¡Y no comprendes!

CRISTINA.—No, no comprendo, Marta, ¿qué quieres decir?

MARTA.—(*Acercándose a Cristina, buscando, interesada, la confidencia.*) Quiero decir que si yo he evitado, también, que siguieras viniendo aquí, como siempre, fue para que no te dieras cuenta de ese cambio de Luis. Pero estoy segura de que tú también te has dado cuenta de ese cambio. ¿No es verdad?

CRISTINA.—Es posible.

MARTA.—Y también de que ese cambio no me favorece. ¿Luis te ha dicho algo concretamente?

CRISTINA.—Nada, no.

MARTA.—(*Indagando con una alegría enfermiza.*) Pero el cambio existe, ¿no es verdad? ¡No lo niegues, Cristina! Piensa que ahora hablamos con la misma franqueza de antes, de siempre. ¿Luis te habla de mí como antes? ¿Verdad que no, Cristina? ¡Dime que no me equivoco!

CRISTINA.—Así es.

MARTA.—Y en cambio... (*Se interrumpe.*)

CRISTINA.—Acaba, Marta.

MARTA.—No sé, no sé si en esto me equivoque. No sé si es porque Luis me ha herido... Tal vez no sean sino imaginaciones. Pero eres tú la que debes decirme cómo y por qué te has dado cuenta de que Luis ha cambiado conmigo. Estoy segura, puesto que Luis también ha cambiado contigo.

CRISTINA.—¿Cómo lo sabes?

MARTA.—¡Lo ves, mi pobre Cristina, cómo confiesas! Luis no habla de ti jamás. (*Acariciándola.*) Tú también habrás pasado como yo largas horas en el día, en la noche, en el insomnio, preguntándote dolorosamente el porqué de ese cambio. Porque tú también sientes, como yo, que Luis se te escapa, se nos escapa. Y habrás llegado a pesar tuyo, como yo he llegado, a la conclusión... (*Se interrumpe.*)

CRISTINA.—De que alguien lo ha cambiado

MARTA.—Eso es, y de que ese alguien no es, no puede ser sino la persona en quien las dos hemos pensado tantas veces, tantas horas, a solas; la persona en quien estamos pensando ahora mismo.

CRISTINA.—Sara.

MARTA.—Sí. Sara. (*Mira a Cristina cara a cara y luego.*) Y no obstante, si tú la vieras, si tú la oyeras como yo la veo y la oigo diariamente, te sorprenderías, te espantarías de verla y oírla moverse y hablar naturalmente, sin descubrir nada en que pudieras apoyarte para decir que es ella la que ha transformado a Luis. ¡Ningún descuido, ningún indicio!

CRISTINA.—Pero Luis, en cambio...

MARTA.—(*Cada vez más cerca de Cristina, ansiosa.*) ¿Qué hace? ¿Qué dice?

CRISTINA.—Si lo vieras, cuando habla de ella, en la casa, ¡cómo se aviva y se inquieta! ¡Se entusiasma hablando de ella, y, de pronto, como si alguien en su interior lo corrigiera, enmudece!

MARTA.—¡Lo ves!

CRISTINA.—Y cuando me dio la noticia de que habías pospuesto la fecha del matrimonio, fingió no darle importancia, pero, a pesar suyo, estaba satisfecho.

MARTA.—(*Poniéndose en pie, orgullosa.*) ¡Yo también estoy satisfecha!

CRISTINA.—¡Qué dices, Marta! ¡Cómo puedes decir esto!

MARTA.—¡Y tú cómo puedes pensar que yo esté dispuesta a casarme con Luis si ya no es el que yo quería sino el que Sara ha querido que sea! ¿No te das cuenta?

CRISTINA.—Sí, Marta.

MARTA.—¿Entonces, por qué te sorprendes?

CRISTINA.—(*Angustiada.*) ¡Tal vez sea tiempo, todavía, Marta! ¡Y sólo tú podrías salvarlo!

MARTA.—¡Salvarlo o encubrirlo! ¡Abre los ojos, Marta! No sabes si ha habido entre los dos algo irremediable. ¡Y quién nos dice que no lo ha habido ya! Te imaginas la tortura de pensar que otras veces pueden haber estado juntos y solos, como lo están ahora, aquí, a unos cuantos pasos de nosotros. Hoy saben que estoy aquí, pero ¿y cuando yo no estoy? Luis llegó hoy, precisamente, a la hora en que ni mi padre ni Ángel ni yo estamos en casa.

CRISTINA.—¡No sigas, Marta!

MARTA.—Y sin embargo es necesario decirlo todo, saberlo todo. Pero hasta ahora, fuera de las sospechas, de las coincidencias... ¡hace falta una prueba!

174

CRISTINA.—¿Qué harías si la tuvieras?

MARTA.—(*Se estremece, y luego.*) No sé, pero creo que todo. Descubrirlo todo.

CRISTINA.—Pero... ¿y tu padre, Marta?

MARTA.—(*Cada vez más ardiente.*) ¿No has hablado tú de salvar a tu hermano? ¡Descubrirlo todo sería la única forma de salvar a mi padre, y, piénsalo bien, de salvarnos todos! (*Transición.*) Pero esa prueba...

CRISTINA.—Pero... ¿no comprendes, Marta?

MARTA.—(*Mirando delante de sí y suavizando la voz.*) Dime, Cristina.

CRISTINA.—¿No comprendes que si he vuelto aquí es porque tengo esa prueba?

MARTA.—(*Volviéndose hacia Cristina, ferozmente.*) ¡Habla!

CRISTINA.—(*Abriendo su bolsa y dando a Marta un papel.*) No es necesario hablar, Marta; esto habla solo.

MARTA.—(*Leyendo.*) "Luis: Te espero hoy a las seis. No faltes. Sara." (*Luego, volviéndose hacia Cristina, acosándola.*) Dime, Cristina, ¿cómo ha llegado a tus manos?

CRISTINA.—¡Qué importa cómo! ¿No lo tenemos ya?

MARTA.—(*Fría.*) No, Cristina, esto puede parecer una prueba, pero no lo es. Un renglón escrito a máquina... cualquiera puede haberlo escrito.

CRISTINA.—(*Angustiada, ante el cambio de Marta.*) ¡Qué dices, Marta! Mira el sobre, tiene el membrete de tu padre.

MARTA.—(*Mirando el sobre.*) Es cierto. Pero, aun así...

CRISTINA.—Esta tarde a la hora de la comida, recibió Luis esta carta que le fue entregada personalmente por Pedro.

MARTA.—¡Dices que Pedro!...

CRISTINA.—Yo misma recibí a Pedro, puedes preguntárselo. Como Luis no había llegado, le dije que me la dejara. Pedro me contestó que tenía que entregársela a Luis personalmente. Lo esperó y se la dio a mi hermano. Espié cuando Luis la leía: lo vi cambiar, palidecer. Y luego, durante la comida estaba como nunca nervioso, inquieto, con los ojos fijos en un punto en el vacío. Se levantó a media comida y se encerró en su cuarto. Seguí espiándolo. Aproveché un momento en que Luis salió, para buscar la carta y leerla; pensé ponerla otra vez en su lugar, pero luego... (*Se interrumpe al ver que Marta ya no la oye.*)

MARTA.—(*Como para sí misma.*) ¿Dices que Pedro...? ¡Y Luis llegó aquí con una hora de anticipación!

CRISTINA.—¿No te parece ya bastante?

175

MARTA.—Sí, Cristina, sí.

CRISTINA.—*(Anhelante.)* ¿Entonces?

MARTA.—*(Después de una pausa en que se verá a Cristina angustiada.)* Pero ahora que la tengo, no sé... siento miedo.

CRISTINA.—*(Desesperada ante la actitud de Marta, dirá hasta gritar en la última frase.)* ¡Pero si hace un momento decías que no querías más que una prueba para salvarnos a todos!... ¿Por qué crees que la he robado, Marta? ¿Por qué crees que la he robado?... ¡Si la he robado es para tener la prueba!...

(Por la izquierda entran Rafael y Ángel. Al ver a Cristina increpando a Marta, se acercarán rápidamente. Al mismo tiempo, Marta se alejará de Cristina.)

ESCENA V

Marta, Cristina, Rafael, Ángel

ÁNGEL.—¿Qué tienes, Cristina?

RAFAEL.—¿Qué sucede?

(Cristina se ha puesto a llorar un llanto histérico.)

ÁNGEL.—*(Encarándose con Marta.)* ¿Qué le has hecho, Marta?

RAFAEL.—¿Qué sucede, Marta? ¡Habla, Marta, no te quedes así!

ÁNGEL.—Responde, Marta, ¿qué le has hecho, qué le has dicho?

CRISTINA.—Nada, nada...

MARTA.—¿La oyen?, ¿qué podría haberle hecho o dicho para ponerla así?

RAFAEL.—Dígalo usted, Cristina: ¿Qué ha pasado entre ustedes?

MARTA.—Entre nosotros, nada.

ÁNGEL.—Y sin embargo...

RAFAEL.—Espera, hijo. *(A Cristina.)* Al entrar, pude oír que usted le decía a Marta que... si había robado algo... había sido...

ÁNGEL.—*(Completando.)* Para tener una prueba.

RAFAEL.—*(A Cristina.)* ¿No es eso?

CRISTINA.—*(Afirmándose.)* Sí. Y Marta la tiene, yo se la he dado.

(Ángel y Rafael se vuelven hacia Marta en los momentos en que ésta estruja la carta y hace intento de esconderla. Cristina, angustiada, gritará.)

¡Cuidado! ¡Va a destruirla y es la única prueba de que Sara y Luis se entienden!

RAFAEL.—*(Inmóvil, al grito de Cristina.)* ¡Qué ha dicho usted, Cristina!

ÁNGEL.—¡Dame ese papel!

RAFAEL.—Obedece, Marta.

MARTA.—*(Después de un segundo de duda se dirigirá a Cristina y le dará el papel.)* Tienes razón. Yo no tengo derecho a destruirla. Es tuya, Cristina; comprende que, en mi caso, no puedo hacer ni decir nada.

RAFAEL.—*(A Cristina.)* Ahora, después de lo que ha dicho usted, comprenderá que yo debo ver eso que usted llama la prueba.

CRISTINA.—*(Dándole el papel a Rafael.)* Aquí la tiene usted.

(Rafael y Ángel leen el recado.)

RAFAEL.—¡Pero cómo puede usted llamar una prueba a esto!

CRISTINA.—Tendría usted razón si ese papel no lo hubiera robado yo misma, a mi hermano que lo recibió hoy a mediodía; y si mi hermano no hubiera acudido aquí, a la cita, a la hora señalada.

RAFAEL.—¿Dónde está Luis?

CRISTINA.—Aquí, en la biblioteca.

(Ángel se dirige violento hacia la puerta que da hacia la biblioteca. Rafael lo detiene con la voz.)

RAFAEL.—¡Espera, Ángel! *(Después de una brevísima pausa.)* ¿Y Sara? *(Ni Marta ni Cristina contestan. Baja ésta la cabeza. Rafael, dirigiéndose a Marta.)* ¿Por qué no me contestan? Y tú ¿por qué no dices nada? ¿Dónde está Sara?

CRISTINA.—*(Afirmándose.)* En la biblioteca, también.

(Ángel vuelve a iniciar el movimiento anterior. Rafael lo vuelve a detener, ahora con un acento en que se mezclan la cólera y el dolor.)

RAFAEL.— ¡Te he dicho que esperes! *(Luego, en un visible esfuerzo por dominarse, como si pensara en voz alta.)* Y ahora es preciso no perder la serenidad. *(Pausa breve.)* Marta, dile a Sara... y a Luis que quiero hablar con ellos. *(Gritando, casi, al ver que Marta sigue inmóvil.)* ¿Por qué no te mueves?

MARTA.—Está bien, iré a llamarlos. *(Marta sale por la derecha.)*

RAFAEL.—Y tú, Ángel, te lo ruego, te quedarás aquí a mi lado; y prométeme que, en ningún caso, harás nada que no mande yo.

(Por la puerta de la derecha, entrarán primero Sara, luego Luis y luego Marta que se quedará apartada del grupo cerca de la puerta. Sara lleva en los ojos una ansiedad que no trata de ocultar: se dirige directamente a Rafael.)

ESCENA VI

Marta, Cristina, Rafael, Luis, Sara, Ángel

SARA.—¿Qué sucede, Rafael? Marta ha ido a llamarme de un modo... *(Al darse cuenta de que todos están suspensos, mirándola fijamente.)* He preguntado qué es lo que sucede aquí, y nadie me responde. Hablen. Habla, Rafael. Digan algo, por favor.

RAFAEL.—*(Dándole a Sara la carta.)* ¿Has escrito esto, Sara?

SARA.—*(Después de leerla rápidamente, devolviéndola a Rafael.)* ¿Yo? ¡Pero cómo puedes pensarlo siquiera!

RAFAEL.— ¡Ya ves que lo pienso!

SARA.—No comprendo, Rafael.

RAFAEL.—No has contestado mi pregunta: ¿Lo has escrito, sí o no?

SARA.—No lo he escrito. Y te repito que no comprendo por qué me lo preguntas.

RAFAEL.—Porque Luis recibió esto hoy a mediodía.

LUIS.—*(Disponiéndose a explicar algo.)* Yo...

(Rafael detiene a Luis con un ademán. Luis baja la cabeza avergonzado.)

RAFAEL.— ¡No le pregunto nada a usted! *(A Sara.)* Te he dicho que Luis recibió hoy a mediodía en su casa este recado, escrito en un pliego de los míos y posiblemente en mi máquina de escribir.

Sara.—*(Con energía.)* Luis podrá haberlo recibido o no, ¡qué sé yo! Pero yo no lo he escrito: ¡cómo podía habérselo enviado!

Rafael.—¡Cuidado, Sara!

Sara.—¿Te has vuelto loco, Rafael? ¿Cuidado de qué?, ¿y por qué?

Rafael.—Porque ¿no comprendes que en este momento están en juego, precisamente, mi razón, mi vida misma?

Sara.—*(Enardecida.)* ¡Las tuyas, pero no las mías!, ¿verdad? Ya veo que piensas en ti, en tu razón, en tu vida. Pero ¿y las mías no cuentan? ¡Te estoy mirando, Rafael, como nunca había pensado mirarte, como nunca había querido mirarte! ¡Y te aseguro que esa imagen de ti, de tu egoísmo, nada ni nadie podrá borrarla nunca de mis ojos! Te he dicho que yo no he escrito ese recado, te lo he dicho con la voz de la verdad misma, y no obstante...

Rafael.—*(Interrumpiéndola.)* ¡Te digo que no te creo!

Sara.—Te he dicho la verdad, sólo que parece que no es la verdad lo que quieres oír.

Rafael.—¿Qué dices?

Sara.—Que es a Luis y no a mí a quien debes preguntar ahora. ¿Por qué no lo haces?

Rafael.—¡Porque no he de darle ocasión de encubrirte si es tu cómplice ni de acusarte si no lo es! Y porque, en todo esto, no es él quien me importa.

Sara.—*(Con ironía violenta.)* ¡Soy yo la que te importa!, ¿no es eso?

Rafael.—Aunque parezca impensable, Sara: ¡Me importas, y acaso por la última vez!

Sara.—Pues si no interrogas a Luis, lo haré yo misma.

Rafael.—Es inútil, Sara. Qué podría contestar que tuviera validez para nosotros. Luis llegó a la casa precisamente a la hora de la cita y no después, como acostumbra venir a ver a Marta.

Sara.—Si Luis vino aquí, antes o después de la hora que acostumbra... ¡qué tengo yo que ver en ello!

Rafael.—¿Y durante ese tiempo que Luis y tú estuvieron solos en la biblioteca, no te habló Luis, que ya lo había recibido, de ese recado que a sus ojos no podía ser sino una cita, una promesa?

Sara.—Ni me habló, ni se lo hubiera permitido. ¡No sigas, Rafael, por ese camino! ¡Date cuenta de que estás diciendo cosas irreparables! Si, como dices, Luis recibió ese recado, ¿cómo es

179

que ha llegado a tus manos? (*Rafael no contesta.*) ¡Respóndeme! ¿Te lo ha dado Luis?

LUIS.—¡Yo no se lo he dado!

RAFAEL.—No ha sido Luis.

SARA.—¿Quién, entonces? (*Se vuelve a mirar a Marta.*)

RAFAEL.—Cristina.

SARA.—(*Sorprendida.*) ¡Ha sido Cristina! ¿Es posible?

CRISTINA.—Don Rafael dice la verdad: yo acabo de entregárselo.

SARA.—¿Y no han pensado que bien pudo haber sido escrito por otra persona y no por mí?

RAFAEL.—¡Todavía te atreves a acusar a alguien, Sara!

SARA.—¡Me atrevo a defenderme!

MARTA.—(*A Sara, desafiándola.*) ¡Dígales de una vez lo que, para salvarse, acaba usted de urdir! ¡Dígales que sospecha que yo escribí ese recado! (*Con voz doliente.*) ¡Como si en todo esto no fuera yo la más herida!

CRISTINA.—Marta tiene razón, Marta dice la verdad. Ella no quería que yo le diera el papel a don Rafael.

ÁNGEL.—Es cierto, es cierto.

SARA.—(*Con angustia dolorosa.*) ¡También usted, Ángel! (*Gritando.*) ¡Pero es que todos se han propuesto aniquilarme!

RAFAEL.—Es inútil que grites: Marta nada tiene que ver en esto.

SARA.—(*A Cristina.*) Explique usted, entonces, cómo llegó ese papel a sus manos.

RAFAEL.—Cristina supo que Luis lo había recibido, y lo sustrajo.

SARA.—(*Desesperada.*) ¡Ya veo que todos me cercan y me acosan, y me acribillan como a una fiera! (*Buscando en Luis un apoyo.*) Pero tal vez usted, Luis, pueda decir algo en favor mío. ¡Dígales que es mentira!... ¡Dígales que usted no recibió, que usted no pudo haber recibido ese recado!

(*Luis no contesta: baja la cabeza.*)

CRISTINA.—Es inútil, señora. Luis lo recibió esta mañana antes de comer, y si llegó a mis manos fue porque, sin que él se diera cuenta, yo se lo robé.

SARA.—(*Debatiéndose, a Luis.*) ¡Dígale usted a su hermana que no es verdad!, ¡porque no puede ser verdad!

CRISTINA.—El recado lo llevó a la casa...

Luis.—(*Interrumpiendo, suplicante, a Cristina.*) ¡No lo digas, Cristina!

Sara.—(*A Cristina, ordenando.*) ¡Termine usted!

Cristina.—El recado lo llevó a la casa el criado de ustedes.

Sara.—¿Pedro?

Cristina.—Sí.

Sara.—(*Después de una pausa, con esperanza febril.*) ¡Está bien! ¡Hazlo venir, Rafael! (*Rafael no se mueve.*) ¿No me oyes? ¡Te digo que hagas venir a Pedro!

(*Rafael hace una seña a Ángel, que saldrá en busca de Pedro, por la puerta del fondo. Sara, que ha estado en pie todo el tiempo, se sienta extenuada en una silla, y se oprime las sienes con las manos, como si quisiera detener el torbellino que gira en su cabeza. Los demás permanecen de pie, expectantes. Por la puerta del centro aparece Pedro, seguido inmediatamente por Ángel. Todos se vuelven hacia Pedro. Sara se vuelve a poner en pie.*)

ESCENA VII

Marta, Sara, Cristina, Rafael, Luis, Ángel, Pedro

Rafael.—¿Llevaste, Pedro, esta mañana, un recado escrito a casa de la señorita Cristina?

Pedro.—Sí, señor.

Rafael.—Dirigido. . . ¿a quién?

Pedro.—Dirigido al señor Luis.

Rafael.—(*Dándole el sobre a Pedro.*) ¿Era éste el sobre?

Pedro.—(*Después de ver el sobre, y devolviéndolo a Rafael.*) Sí, señor.

(*Todos, con excepción de Pedro, fijan la mirada en Sara.*)

Rafael.—Eso era todo, Pedro. Puedes retirarte.

Sara.—¿Qué estás diciendo? ¡No es todo! ¡Cómo puedes pensar que eso sea todo! (*A Pedro.*) Ahora, Pedro, va usted a decir al señor quién le dio este sobre para llevarlo a casa del señor Luis.

(*Pedro no contesta. Se ve a Marta en una tensión extraordinaria, apoyarse en una silla.*)

181

Rafael.—¿No has oído, Pedro? Responde a la pregunta que te ha hecho la señora. ¿Quién te dio ese recado?

Pedro.—(*Después de un silencio, bajando la cabeza, pero con voz firme.*) La señora Sara.

(*Sara recibe las frases de Pedro como quien recibe un golpe que puede ser de muerte. Marta, que ha oído el interrogatorio de Pedro con avidez febril, cae desvanecida en una silla. Ángel se precipita hacia ella. Cristina y Luis van a acercarse también a Marta, cuando Rafael los detiene.*)

Rafael.—(*A Luis, cortante.*) ¡Usted, salga; salga de aquí! (*A Cristina.*) ¡Lléveselo, Cristina, en nombre de Dios!

(*Luis y Cristina salen por la izquierda. Pedro se retira lentamente, en silencio, y sale por el fondo.*)

Ángel.—(*A Marta que se reanima.*) ¡Marta, Marta!... ¿Qué tienes...? ¿Te sientes mejor?

Rafael.—(*Acariciándola.*) Marta, hija mía... También tú sufres, como yo, y más que yo tal vez. (*Ayudándola a levantarse.*) Ven, hija mía, ven. Vamos, vamos, ven conmigo. Y tú también, Ángel. Así, juntos los tres, y solos. ¡Porque yo nunca debí mezclar la vida de ustedes con la de ella, nunca, aquí, en esta casa!

Sara.—(*Reaccionando con una cólera dolorosa y estremecida.*) ¡Sí, así, juntos y solos, sin mí! ¡Sin mí, y para siempre! ¡Óyeme Rafael, óyeme! ¡Si yo soy la que nunca debí aceptar venir a tu lado para ser (*con burla cruel*) tu mujer legítima! Y ahora ¡diles a tus hijos cómo y cuánto me rogaste para que viniera!... Ahora comprendo que si yo no quería venir aquí era... (*Al darse cuenta de que Rafael, Marta y Ángel han salido por la derecha, abrazados, sin oírla, Sara se deshará en un llanto colérico, desgarrador e incontenible.*) ¡por esto, por esto!... por todo esto!...

TELÓN

ACTO TERCERO

En la misma sala. Han transcurrido tres horas, después de las escenas anteriores. Noche. Como al principio de la obra, estarán encendidas solamente las lámparas veladoras. Al levantarse el telón se ve a Pedro frente a la mesa del centro. Entra Ángel por la izquierda. Viene de la calle y trae el abrigo puesto, al ver a Pedro, más por llenar un hueco de tiempo que por interés, le preguntará:

Pedro, Ángel

ÁNGEL.—¿Qué haces, Pedro?

PEDRO.—Poner en su lugar el retrato de la señora.

ÁNGEL.—¿Te ha mandado Marta?

PEDRO.—Sí, señor Ángel.

ÁNGEL.—¿Qué te ha dicho?

PEDRO.—Que pusiera el retrato en el lugar donde había estado siempre y de donde... *(Se interrumpe.)*

ÁNGEL.—¿Y de donde nunca debieron quitarlo, no es así?

PEDRO.—Eso me dijo.

ÁNGEL.—¿Sabes cuándo quitaron de allí ese retrato?

PEDRO.—El mismo día en que llegó la otra señora.

ÁNGEL.—¿Y sabes quién lo quitó de aquí?

PEDRO.—No, señor Ángel. El señor Rafael, tal vez.

ÁNGEL.—No, no fue mi padre. Fue la señorita Marta. *(Dejando el retrato que ha tomado un momento en sus manos. Evocando la escena.)* Tuvo un acceso de cólera... y se llevó el retrato consigo. Más de una vez lo vi en la recámara de Marta. Y ahora... *(Se interrumpe, apartando con un ademán las ideas que le asaltan.)*

PEDRO.—*(Después de un silencio.)* ¿Se le ofrece a usted algo, señor Ángel?

ÁNGEL.—No, nada; gracias. *(Luego, cambiando de opinión.)* Espera. *(Pedro se detiene.)* Tú quieres mucho a mi padre, ¿verdad?

PEDRO.—A su padre y a todos ustedes. Yo no he tenido más vida que la de ustedes ni más casa que ésta. Serví en casa de la mamá de usted, y ella me trajo aquí.

ÁNGEL.—Sí, ya lo sé. Te trajo aquí cuando se casó con mi padre.

PEDRO.—Sí. A ella la quería como se quiere a una hija; es decir, como quien la ha tenido debe quererla.

ÁNGEL.—Lo sé, lo sé. *(Luego, oprimiéndose la frente.)* ¿Y te has dado cuenta de lo que ha pasado aquí, en esta casa? *(Pedro*

183

asiente.) ¿Y no comprendes lo doloroso que es todo esto, para todos, especialmente para mi padre?

PEDRO.—Y también para la señorita Marta. *(Pausa breve.)* Ya vio usted, señor Ángel, que yo no quería decir lo del recado... Y créame usted que yo no lo hubiera dicho si...

ÁNGEL.—Si mi padre no hubiera insistido en que lo dijeras.

PEDRO.—*(Cohibido.)* Eso es. *(Otra pausa.)*

ÁNGEL.—*(Con desaliento.)* ¡Esta casa se viene abajo, Pedro!

PEDRO.—*(Emocionado.)* ¡Ni lo diga usted, señor Ángel! La señorita Marta no piensa lo mismo; cree que, por el contrario... *(Se interrumpe.)*

ÁNGEL.—*(Levantando la cabeza, mirando a Pedro.)* ¿Qué te ha dicho Marta?

PEDRO.—Que ahora todo será, para todos, como antes, como cuando vivía la señora.

ÁNGEL.—¿Y tú también lo crees?

PEDRO.—*(Esperanzado.)* Sí, señor Ángel. Yo también creo que todo debió haber seguido aquí como cuando la mamá de usted era el ama; como lo dejó para ustedes; como siguió siendo antes de que viniera la otra señora. Pero confío en que ahora todo volverá a ser como era antes.

ÁNGEL.—*(Cortando.)* Es posible, es posible.

PEDRO.—Lo dice usted, señor Ángel, pero no parece usted creerlo.

ÁNGEL.—*(A media voz, suspirante.)* ¡Quisiera creerlo! ¡Quisiera creerlo!

(Después de breve pausa, entra Rafael por la puerta de la biblioteca. Se le ve como extenuado y titubeante. Pedro sale por el fondo. Rafael recorre la sala, sin ver a Ángel. Luego, al verlo.)

ESCENA II

Ángel, Rafael

RAFAEL.—*(Dirigiéndose nervioso hacia Ángel.)* Me dijeron que habías salido.

ÁNGEL.—Sí; estuve fuera una media hora, a lo sumo.

RAFAEL.—¿Se puede saber adónde fuiste?

ÁNGEL.—Podría decirte una mentira cualquiera, pero creo que no debo ocultarte que, después de dudar mucho, fui a casa de Luis.

Rafael.—*(Con súbito temor.)* ¡Qué has hecho, Ángel!

Ángel.—Nada violento. Ya me ha pasado la cólera, padre; ahora sólo experimento una sensación inexplicable; tengo una especie de sed, de sed de algo que no sé lo que es.

Rafael.—Eso es lo que yo siento también; una sed intensa de algo, de algo desconocido que acaso apagaría mi sed; de algo que tal vez no exista ya para mí. *(Un silencio. Luego, tímidamente.)* ¿Hablaste con Luis?

Ángel.—Sí, hablé con él. Luis está angustiado, sinceramente angustiado.

Rafael.—*(Colérico.)* ¡Pero es que...!

Ángel.—*(Aquietando con las manos la cólera del padre.)* Déjame decirte. Le hice preguntas acerca de los sentimientos que mediaron o pudieron haber mediado entre él y Sara, y te aseguro que en sus respuestas no había disimulo alguno. Me dijo que ese recado de Sara fue tan sorprendente, tan inesperado para él como lo fue para nosotros. Y que nunca ha habido de parte de Sara, para con él, nada que no fuera amistad.

Rafael.—¿Te dijo eso?

Ángel.—Sí. Y la sinceridad de Luis fue tanta que llegó hasta el punto de confesarme...

Rafael.—*(Con ansiedad.)* ¿Qué?

Ángel.—De confesarme... —no sé cómo decírtelo— que no sabe cómo, pero que en los últimos días Luis se había descubierto un sentimiento amoroso hacia Sara. Un sentimiento que guardaba para sí, sin confiarlo, sin confesarlo a nadie. Un sentimiento que, está seguro, Sara no sólo no fomentó, sino que ni siquiera se dio cuenta de su existencia; o, al menos, creyó más discreto no darse cuenta de él, a los ojos de Luis.

Rafael.—¿Pero estás seguro de que Luis no mentía... por caballerosidad... por temor... o por piedad... para conmigo?

Ángel.—Estoy seguro de que Luis me ha dicho la verdad. Hay tonos de voz que no engañan, que no pueden ocultar que son auténticos, aunque quisieran. Y Luis me habló con el tono de la sinceridad misma, sin pretender atenuarla o desfigurarla. ¡Y eso es lo que más me tortura!

Rafael.—Y no obstante... *(Luego, inquiriendo otra vez.)* ¿Pero no te ha dicho de qué hablaron durante el tiempo que estuvieron solos, esta tarde, en la biblioteca? ¡Luis debe de haber hecho, al menos, una pregunta, una alusión a la cita que recibió de Sara!

Ángel.—También le pregunté eso.

185

Rafael.—¿Y qué te dijo?

Ángel.—Que esa tarde, y contrastando con la nerviosidad de Luis, Sara no le había mostrado sino la misma confianza amistosa de siempre. Y que, a pesar de que esa cita tenía un sentido tan grande para él, Luis no se atrevió a aludirla siquiera. Luis me dijo que Sara parecía tan serena, tan digna, tan igual a sí misma, que él no se atrevió a hacer siquiera una alusión a la cita.

Rafael.—¡Es inconcebible!

Ángel.—¿Qué es inconcebible?

Rafael.—La tranquilidad de Sara... el silencio de Luis.

Ángel.—No comprendo.

Rafael.—Sí, la tranquilidad de Sara después de haberle escrito a Luis dándole una cita. Y el silencio de Luis después de haber recibido una cita que venía a dar realidad a sus esperanzas.

Ángel.—Tienes razón. Ambas cosas son inconcebibles. Pero así fueron.

(*Un silencio se tiende entre padre e hijo y se ahonda en la sala. De pronto, por la puerta de la derecha que conduce a las habitaciones, entra una criada joven, que lleva una maleta grande y una más pequeña, en las manos. Atraviesa la sala y, sin mirar a Rafael y a Ángel, sale un instante por el vestíbulo por donde, después de dejar las maletas, volverá a entrar. Rafael y Ángel han cambiado una mirada al ver salir a la criada. Han vuelto los ojos hacia la puerta de la izquierda esperando ver entrar, de un momento a otro, a Sara: de pie los dos y como sobrecogidos de una angustia sin palabras.*)

ESCENA III

Ángel, Rafael, la criada

Rafael.—(*A la criada, queriendo dar firmeza a su voz.*) ¿Va a salir la señora?

La criada.—Sí, señor Rafael. Precisamente venía a decirle, de parte de la señora, que antes de salir quiere hablar con usted un momento. La señora bajará en seguida.

Rafael.—(*Imperceptiblemente.*) Dígale usted que está bien. (*Y esperará que la criada salga por la izquierda, para decir nerviosamente a Ángel.*) ¡No quiero, no debo hablar con ella!

Ángel.—Y, sin embargo, tal vez debes hacerlo.

Rafael.—No podría, Angel. (*Con angustia.*) Pero... ¡es que no comprendes!

Ángel.—Comprendo. Pero, al mismo tiempo, creo que, puesto que ella ha pedido hablar contigo, debes oírla. Recuerda que...

Rafael.—¡Qué quieres que recuerde, Angel! ¡Qué quieres que recuerde que no sea un golpe de muerte para mí!

Ángel.—Recuerda que no la hemos oído, que no la hemos querido oír hace unas horas.

Rafael.—Tal vez tengas razón, pero te repito que yo no tengo valor ni serenidad para verla ni para oírla. (*Acercándose a Ángel.*) Para mí ha llegado ese momento en que el padre se siente más débil que el hijo; el momento en que el padre va en busca del hijo para pedirle apoyo. ¡Óyela tú! ¡Te lo ruego!

(*Y después de abrazar a Ángel, Rafael saldrá rápidamente por la puerta del centro. Un momento antes de salir Rafael, aparecerá Sara, por la derecha. Lleva, puesto, un abrigo oscuro, y un sombrero en la mano. Se detendrá en el umbral y se dará cuenta de que Rafael no ha querido esperarla. La palidez de Sara hace todavía más ardiente su mirada encendida, que es lo único vivo que aún queda en su rostro desfigurado por las horas de tortura y tormento que acaba de vivir. Sin moverse del umbral, dirá a Ángel con una voz en que hay amargura e ironía, pero también tristeza.*)

ESCENA IV

Ángel, Sara

Sara.—No ha querido oírme, no ha querido esperarme, ¿verdad?

Ángel.—(*Suavizando, con el tono de voz, la dureza de sus palabras.*) Ya lo ha visto usted.

Sara.—Y, sin embargo... (*Se interrumpe.*)

(*Ángel vuelve la cabeza hacia Sara y la mira esperando la continuación de la frase.*)

Rafael debió quedarse aquí para oír lo que yo iba a decirle, lo que, puede usted estar seguro, ya nunca oirá de mi boca.

Ángel.—Pero usted debe comprender que mi padre no podría, no puede...

Sara.—(*Interrumpiéndolo, con triste gravedad.*) Oírme más, ¿no es eso?

187

ÁNGEL.—Eso es.

SARA.—Pues bien, no me oirá él, pero puesto que usted está aquí, puesto que usted no se ha ido... *(Con una voz que no suplica sino que ordena.)* ¡Me oirá usted!

(Ángel se vuelve nuevamente a mirar a Sara, y luego hará ademán de que está dispuesto a oírla. Sara se adelanta unos pasos y descubre el retrato de la madre de Ángel, que Pedro volvió a colocar en el lugar en que estaba en el primer acto.)

¿Han vuelto a colocar el retrato? ¿Quién ha sido?

ÁNGEL.—Pedro.

SARA.—*(Con una sonrisa amarga.)* ¡Pedro! ¿Por orden de Marta?

ÁNGEL.—Sí.

SARA.—*(Como para sí misma.)* Para que, desde el retrato, me vea salir... del mismo modo que el día en que llegué a esta casa lo quitó, para que no me viera entrar...

ÁNGEL.—*(Que no ha comprendido el sentido de las palabras de Sara.)* ¿Qué ha dicho usted?

SARA.—Nada... o, más bien dicho... *(Con una voz esperanzada, que suplica.)* Pero usted, Ángel, que es el mejor de nosotros y el más lúcido, ¡¿no comprende?!

ÁNGEL.—Qué quiere usted que yo comprenda.

SARA.—*(Abandonando la esperanza.)* Es verdad, ¡cómo quiero que usted comprenda si usted no sabe, si usted no puede saber!

ÁNGEL.—*(Después de una breve pausa.)* Quería usted, antes de salir de la casa, comunicarme algo que yo diré después a mi padre.

SARA.—Es verdad. Pero antes, permítame que le haga una pregunta, Ángel, unas preguntas. Y le ruego que me responda. No me diga que no es el momento: ¡si ya lo sé! Sólo puedo decirle que ahora es más difícil confiarle a usted lo que había decidido confiar a Rafael. En estas horas he pasado de la sorpresa a la cólera, a la desesperación, y luego... he querido ver claro en todo eso y creo haber visto. Pero necesito que usted me ayude.

ÁNGEL.—Puede usted preguntarme, ya que es preciso.

SARA.—Ha pensado usted... ¿se ha preguntado usted más de una vez por qué desde niños Marta y usted vivieron en colegios, fuera de México, de internos siempre y lejos de su madre?

ÁNGEL.—*(Con la misma reacción del primer acto, cuando Rafael habló de su esposa.)* ¡Qué tiene que ver ella en todo esto!

188

Sara.—Comprendo que exijo de usted algo que a sus ojos no merezco. Le he rogado que me escuche y que me responda. ¿Por qué nunca vivían ustedes en la casa sino unos cuantos días, después de meses de ausencia, para volver luego a los colegios y permanecer en ellos aun durante las vacaciones? ¿No ha pensado usted en el porqué de esa urgencia de alejarlos de la casa, después de esas rápidas visitas: porque no puede llamarse de otro modo a la presencia de ustedes, que no crecieron, que no vivieron aquí, con sus padres, como debieron crecer y vivir ante ellos?

Ángel.—¿Luego usted sabe que Marta y yo veíamos apenas a nuestros padres?

Sara.—Me lo dijo Rafael: Rafael que nunca me ha ocultado nada, hasta ahora. Usted y Marta recibían cartas, regalos. Las visitas de la madre de usted a los colegios eran amorosas, sí, pero rápidas, entrecortadas. Y cuando, alguna vez, al fin, pensaban ustedes que iban a permanecer algún tiempo en su casa, los enviaban de pronto al colegio con pretextos que, si ahora los considera usted, eran artificiales, insostenibles. ¿No es verdad?

Ángel.—Sí, es verdad.

Sara.—¿Y nunca supo usted la razón, la razón profunda de todo esto? ¡Dígame la verdad, Ángel, que yo no quisiera, ni aun obligada como lo estoy ahora por las circunstancias, revelar algo que usted no sepa!

Ángel.—(*Con emoción, rápidamente y como a pesar suyo.*) Sí, yo me he preguntado, mil veces, angustiosamente, la razón de aquel ir y venir, año tras año, de colegio en colegio, sin tocar apenas la casa. Marta y yo éramos para nuestros padres como un objeto que se quiere, pero que, al mismo tiempo, estorba, y que hay que tener lejos.

Sara.—Y sólo cuando la madre de usted cayó enferma, de muerte; cuando para ustedes no debió de ser sino una sombra de la mujer que entrevieron apenas, fueron llamados por su padre a la casa. Se ha preguntado usted: ¿por qué no antes?

Ángel.—¡Cuántas veces me lo he preguntado a mí mismo y a mi padre que me ha contestado siempre con evasivas... y a Pedro que es el único de los criados que ha permanecido en esta casa...!

Sara.—(*Continuando y prolongando la idea de Ángel.*) Porque los otros criados eran despedidos en unos cuantos días, cuando no se iban de la casa por su propia voluntad.

Ángel.—¡Es posible! ¿Por qué?

189

SARA.—Porque tampoco ellos podían vivir en la casa, entre tormentas y disputas, entre escenas de locura.

ÁNGEL.—(*Como herido, al oír la palabra "locura".*) ¡Qué ha dicho usted!

SARA.—Pero, en verdad, ¿usted no lo sabe?

ÁNGEL.—(*Oprimiéndose la frente con la mano.*) Tengo una idea confusa, incierta, de lo que aquí pasaba, de lo que mi padre nos ocultó celosamente y nos ha seguido ocultando hasta ahora. Y se llegado a pensar que todo eso era porque mi madre... porque mi madre estaba... enferma.

SARA.—Sí, Ángel, la madre de usted era una enferma.

ÁNGEL.—...que había perdido la razón.

SARA.—Y sin embargo, no era eso precisamente. La razón en ella era de una lucidez singular. Razonaba, razonaba siempre, veía o creía ver las cosas con más claridad que todos, preveía los acontecimientos o creía preverlos, y los exageraba, exaltándolos hasta la locura.

ÁNGEL.—¡Lo ve usted!

SARA.—Y, no obstante, no era posible decir que había perdido la razón. Tenía temporadas de una tranquilidad, de una cordura notables. Luego le llegaba aquello, como una ráfaga. Lo cierto es que hacía imposible la vida de Rafael, como hubiera hecho imposible la vida de ustedes a quienes habría torturado, como torturaba a Rafael, con celos, con fantasías absurdas, con invenciones; gozando con el examen a que sometía todo, con el martirio que daba a todos, hasta convertir la casa en un infierno, y la vida de los que la rodeaban, en una condenación eterna. Así fue como... (*Se interrumpe.*)

ÁNGEL.—Siga usted.

SARA.—Así fue como precipitó a Rafael a mis brazos. Yo era sóla una amiga de Rafael; una amiga que habría respetado siempre su matrimonio con la madre de usted, de no haber visto que sin mi cariño, sin mi apoyo, Rafael habría enloquecido. No, yo no fui la amante de Rafael del modo y en el sentido en que usted y Marta pueden, con derecho, pensarlo. Si hubiera sido una mujer cualquiera en la vida de Rafael, ¿cree usted que me habría traído a su casa, al lado de ustedes, como a su mujer legítima? "Tú querrás a mis hijos —me decía— como ella debería quererlos, si no fuera por el demonio que la enloquece." Y estoy segura de que por eso y por los años en que tuvimos que vivir ocultándonos me trajo a esta casa, a vivir plenamente, francamente, a convivir con ustedes.

Ángel.—(*Volviendo a la situación inicial del diálogo con Sara.*) ¡Y a pesar de eso usted ha podido...! (*Se interrumpe.*)

Sara.—Dígalo usted: ¿engañarlo?

Ángel.—(*Débilmente.*) Eso es.

Sara.—Pero ¡no comprende usted que yo no podría engañarlo ni con el pensamiento siquiera! ¡Si toda mi vida ha sido una consagración amorosa a Rafael! (*Con tristeza y amargura, al tiempo que toma el retrato de la madre de Ángel.*) ¡Y aún no comprende usted, Ángel, que todo esto no es sino una resonancia, una repetición de lo que en vida de su madre de usted pasaba aquí! Si Rafael me oyera, habría comprendido ya por qué tengo la sensación, la seguridad de que todo esto no es sino la última intriga, la última acechanza de alguien que ha muerto, sí, pero que sigue viviendo, en los otros, para la maldad.

Ángel.—(*Entreviendo cuanto hay detrás de las palabras de Sara.*) ¿Quiere usted decir...? ¡No, no es posible!

Sara.—Entonces, ¿por qué y para qué han vuelto a poner aquí este retrato? Ha sido Pedro, usted lo ha dicho hace un momento; y por orden, ¿de quién?, de Marta.

Ángel.—(*Intuyendo al fin.*) ¡Espere usted, voy a preguntarles, a obligarles a que me digan la verdad... si esa verdad existe!

Sara.—Esa verdad existe. Pero Marta no le dirá nunca nada.

Ángel.—A Pedro ¿entonces?

Sara.—Tal vez, si usted lo cerca, si usted logra conmoverlo... ¡Dios quiera que lo haga usted hablar!

(*Ángel sale rápidamente por la puerta del centro. Sara queda como deshecha y aliviada a un tiempo. Por la puerta de la derecha, aparecerá Marta, que dirá a media voz silbante.*)

ESCENA V

Sara y Marta

Marta.—¡Salga, salga usted de aquí! ¿Qué espera usted para salir?

Sara.—(*Se vuelve, sorprendida primero; recobrando el ánimo después.*) Espero; ¡aún tengo esperanzas! (*Con energía.*) Luego, saldré, pero no como usted quiere que salga sino por mi voluntad y para no volver más.

Marta.—(*En la misma media voz, cargada de odio.*) Es inútil

191

que espere. ¡Qué puede usted esperar! De un momento a otro, Ángel vendrá a echarla a usted de aquí.

Sara.—Ángel ha ido a hablar con Pedro: a hacerlo hablar.

Marta.—Lo sé; lo he oído.

Sara.—¿Y no se mueve usted? ¡Corra, corra a imponerle silencio, a asegurarle la mordaza!

Marta.—No tengo por qué hacerlo.

Sara.—No va usted a impedirlo, ¿verdad? Porque tratar de impedir que Pedro hable, equivaldría a delatarse a los ojos de Ángel, ¿no es eso? Y por la misma razón no me ha interrumpido cuando yo hablaba con Ángel, y usted, como conviene a su naturaleza, oía detrás de la puerta. ¡Es usted tan inteligente como ella! Pero de qué le servirá esto si ahora (*flaqueando*) ¡Dios mío! (*afirmándose*), si ahora Ángel lo sabrá todo por boca de Pedro.

Marta.—Pedro no dirá nada. (*Corrigiéndose.*) Pedro no tiene nada que decir. ¡Le repito a usted que salga, que salga de esta casa!

Sara.—Y yo le repito que no saldré porque usted lo quiere. Saldré después y porque soy yo la que quiere salir; porque siento que me quemo aquí, en este infierno.

Marta.—(*Gritando.*) ¡Salga usted, le digo! ¡Salga...!

(*Marta seguiría gritando, enloquecida, si por la puerta del centro no viera llegar a Ángel y a Rafael, seguidos de Pedro que se quedará, con la cabeza baja, en el umbral.*)

ESCENA VI

Sara, Marta, Rafael, Pedro, Ángel

Ángel.—(*Con energía violenta.*) ¡Cállate, Marta! ¡¿No has hecho ya bastante mal?!

Rafael.—¡Cómo has podido urdir todo esto!

Marta.—(*Atónita, replegándose aun físicamente.*) ¿Qué hice? ¿Qué urdí?

Rafael.—¡No sigas! Pedro no ha podido negar. Ángel lo ha obligado a confesar la verdad, toda la verdad. En cuanto Ángel le dijo que, arrepentida, habías confesado, Pedro confesó todo.

Marta.—(*Adelantándose hacia Pedro, con desprecio que el criado resiente.*) ¡Y pudiste creer que yo había hablado! ¡Y pu-

192

diste creer que estoy arrepentida! (A *todos*.) ¡Si no estoy arrepentida ni lo estaré nunca!

(*Pedro sale cabizbajo, por la puerta del centro. En una confesión que es también una ráfaga de locura, Marta continúa.*)

Si he podido callar y fingir y someterme, en apariencia, a la intrusión de esta mujer en la casa de mi madre, ha sido para luego hacerla salir, salir para siempre de aquí, de cualquier modo y a cualquier precio. Yo escribí el recado y ordené a Pedro que lo llevara a casa de Luis a una hora en que bien sabía yo que Luis no estaba. Le ordené entregárselo personalmente para que tuviera que esperar a Luis, y para excitar la curiosidad de Cristina a quien había alejado de aquí, a quien había vuelto en mi contra, no sin haberle hecho sospechar que Luis y esa mujer llegarían a entenderse. Luis había seguido, involuntariamente, el camino que yo le impuse hasta hacerlo pensar que amaba a esa mujer. Cristina sospechaba ya: por eso robó a Luis el recado. Si no lo hubiera robado, si no hubiera venido, yo la habría llamado para que viera, con sus propios ojos, cómo Luis se citaba aquí, en mi casa, con "ella". Pero todo lo que yo había imaginado y pensado en las horas sin sueño en que la cólera y los celos me daban una lucidez increíble, ¡todo fue encadenándose, ajustándose, tomando la forma que yo había querido dar a mi venganza!

Ángel.—¡No todo, puesto que Pedro te ha delatado!

Marta.—(*Sacudida aún por la ráfaga de su delirio coherente.*) ¡Pero no comprenden, como yo comprendo ahora, que eso no invalida mi venganza! ¡Si ahora ni mi padre podrá mirar a esa mujer de frente, puesto que no sólo la acusó violentamente sino que dudó de ella, desde lo más profundo de su ser! ¡Si ella nunca podrá perdonarlo! ¡Si ahora saldrá de aquí —me lo ha dicho hace un momento— por su voluntad y para no volver más! (*Triunfante.*) ¿No era eso lo que yo me propuse? ¿Lo que yo quería? ¡Si todo en esta casa, de ahora en adelante, le recordará a ella, como a ustedes, ese momento imborrable de crueldad que ha vivido aquí, que la hemos hecho vivir, y no sólo yo sino ustedes también!

Ángel.—Cállate, Marta; ¡estás loca!

Rafael.—(*Que ha visto renacer en Marta las ráfagas de locura lúcida de su primera esposa, se abalanza a Ángel y cubriéndole la boca con las manos.*) ¡No lo digas, Ángel!

Sara.—Rafael tiene razón. Calle usted, Ángel. No se da usted cuenta...

Marta.—*(Sin comprender.)* ¿De qué ha de darse cuenta?

Sara.—De que no merece usted sino la piedad de su hermano y de su padre.

Marta.—*(Desafiante.)* ¿Y por qué no también la suya? Ya veo que usted va a ponerse otra vez la máscara de la compasión.

Sara.—Yo no la compadezco. ¡Después de todo esto! ¡No podría, aunque quisiera!

Rafael.—*(A Sara.)* Perdón, Sara.

Sara.—Nada tengo que perdonarte. Vuelvo a compadecerte como antes; pero ya no del mismo modo, ya no a costa de mi sacrificio. Ella ha dicho la verdad: salgo de esta casa, de esta casa de la que no salí antes porque quería hacerlo con la frente alta, limpia de toda sospecha, hasta hacerles ver mi inocencia. Mi vida —no sé si la tuya— no está en este lugar que ha vuelto a convertirse en un infierno, que nunca ha dejado de serlo; ni mi papel, aquí, podrá ser nunca el que tú quisiste inútilmente que fuera: el de tu mujer legítima. ¡Ya ves que no es posible serlo! ¡Mi presencia aquí no ha hecho sino revivir ese infierno y atizar esas llamas de locura! *(Mirando a Marta que, sorprendida, ya no la perderá de vista.)* Tú, Rafael, y usted, Ángel, deben, tal vez, permanecer aquí, sacrificándose, contagiándose, quemándose, ¡pero yo, qué tengo que hacer aquí, si no puedo dejar de ser a los ojos de ella siempre, a los ojos de ustedes a veces, sino la rival de tu esposa, la rival de la madre de tus hijos: tu amante! *(Rafael, anonadado, hace un esfuerzo, va a decir algo.)* Es inútil, Rafael. No digas nada. ¡Qué podrías decir! Adiós, Ángel; créame que habría dado no sé qué por no causarle ningún daño.

(Y Sara sale por la izquierda sin que Rafael y Ángel, deshechos, vuelvan los ojos para verla salir.)

Marta.—*(A quien las palabras de Sara han hecho entrever algo confuso, en su interior, y que ha ido gradualmente empequeñeciéndose y apagándose.)* ¿Por qué te ha hablado así, Ángel? ¿Qué es lo que me ocultan?

(Rafael se dirige hacia Marta en un impulso de piedad; se adivina en su ademán y en sus primeras palabras que va a tratar de explicar, a revelar todo a Marta.)

Rafael.—Es que tú no sabes, Marta...

Ángel.—*(Interrumpiéndolo ahora, como lo hizo con él su padre hace un momento.)* ¡No, padre, no!

MARTA.—*(Con voz temblorosa y desesperada.)* ¿Qué tienen que decirme? ¿Qué quieren decirme y no se atreven? ¡No comprendo nada! ¿Por qué no hablan?

(Y al ver que ni su padre ni Ángel le responden, Marta empieza a llorar con un llanto sordo, entrecortado, que la hace temblar.)

ÁNGEL.—*(Acercándose cariñosamente a Marta, tomándole las manos.)* No es nada, Marta. ¡Cálmate... cálmate! Todo ha pasado ya. *(Marta apoya su cabeza en el hombro de Ángel que volviendo el rostro a su padre, con voz que ordena y suplica a la vez, le dirá.)* Y tú, vé a buscarla. ¡Anda con ella! *(Marta levanta la cabeza y mira fijamente a los dos. Se ve a Rafael dudar, pero Ángel irá a su lado, lo animará con la voz.)* ¡Ya ves que yo estoy aquí, con Marta! *(Y volviendo al lado de Marta acariciándola.)* ¡Ya ves que yo estaré aquí, siempre, siempre, contigo!

TELÓN

ÍNDICE

POESÍA

Primeros poemas

En la tarde que muere 9
Como barca en un lago 9
Tinta china 10
Le pregunté al poeta 10
Se necesita luz 11
Con la mirada humilde 11
Ellos y yo 12
Midnight 13
Yo no quiero 14
Presentimiento 14
Canción 15
Al repasar el libro 16
La visión de la lluvia 17
Inquietud 17
Variaciones de colores 18
Esta música 18
Remanso 19
Plegaria 20
Breviario 20
Estío 21
Tarde 22
Canción apasionada 23
Ya mi súplica es llanto 23
Lamentación de primavera 24
La bondad de la vida 25
Antes 25
Ni la leve zozobra 26
Bajo el sigilo de la luna 26
En el agua dormida 27
Él 28

El viaje sin retorno 28
Más que lento 29
Mar 30

REFLEJOS

Poesía 32
Reflejos 33
Sueño 33
Noche 34
Soledad 34
Aire 35
Interior 36
Cuadro 36
Cézanne 37
Jardín 38
Lugares [I] 39
Mudanza 39
Domingo 40
Pueblo 40
Puzzle 41
Fonógrafos 42
Amplificaciones 42
Noche 43
Arroyo 44
Viaje 44
Incolor 45
Lugares [II] 46
Azoteas 46
Calles 47
Cinematógrafo 47
Lugares [III] 48

Suite del insomnio

Eco 48
Silbatos 48
Tranvías 48

Espejo 49
Cuadro 49
Reloj 49
Agua 49
Alba 49

NOSTALGIA DE LA MUERTE

Nocturnos

Nocturno 50
Nocturno miedo 51
Nocturno grito 52
Nocturno de la estatua 52
Nocturno en que nada se oye 53
Nocturno sueño 54
Nocturno preso 55
Nocturno amor 55
Nocturno solo 56
Nocturno eterno 57
Nocturno muerto 58

Otros nocturnos

Nocturno 59
Nocturno en que habla la muerte 60
Nocturno de los ángeles 61
Nocturno rosa 63
Nocturno mar 65
Nocturno de la alcoba 66
Cuando la tarde 67
Estancias nocturnas 68

Nostalgias

Nostalgia de la nieve 69
Cementerio en la nieve 70
North Carolina blues 71

Muerte en el frío 72
Paradoja del miedo 74
Volver 75
Décima muerte 76

Canto a la primavera y otros poemas

Canto a la primavera 80
Amor condusse noi ad una morte 82
Soneto de la granada 84
Soneto de la esperanza 84
Décimas de nuestro amor 85
Nuestro amor 88
Inventar la verdad 89
Madrigal sombrío 90
Deseo 90
Palabra 91
Soneto del temor a Dios 91
Crepuscular 91
Estatua 93
Epigrama de Boston 93
Epitafios 96

TEATRO

La hiedra 99
La mujer legítima 151

Este libro fue impreso y encuadernado en empresas del grupo Fondo de Cultura Económica. Se terminó de imprimir el día 11 de mayo de 1984 en los talleres de Lito Ediciones Olimpia, Sevilla 109, México 03300, D. F. Se encuadernó en Encuadernación Progreso, Municipio Libre 188, México 03300, D. F. El tiro fue de 50 mil ejemplares.

Diseño y fotografía de la portada:
Rafael López Castro.